U0102205

"THE BELT AND ROAD" INDUSTRIAL CIVILIZATION

INDUSTRIAL CYBERSECURITY EMERGENCY MANAGEMENT

"一带一路"
工业文明

工业信息安全应急管理

汪礼俊◎著

電子工業出版社·

Publishing House of Electronics Industry

北京 · BEIJING

作者
简介

汪礼俊

国家工业信息安全发展研究中心监测应急所所长，某重大专项副总指挥，国家 242 信息安全计划课题组组长，主持十余项省部级研究项目，著有《"一带一路"工业文明——工业信息安全》等著作，在人民网、《中国软科学》、《中国经济时报》等媒体刊物上发表各类学术论文和专业文章 100 余篇。现主要从事工业信息安全（工业互联网安全）、网络安全应急管理工作。

Preface
序

　　"一带一路"倡议是为了更好地促进世界各国发展而提出的，体现了中国深入扩大对外开放的宗旨和理念。《"一带一路"工业文明——工业信息安全应急管理》提出以"一带一路"沿线国家和地区工业信息安全共商、共享、共建发展为路径，打造工业信息安全利益共同体、责任共同体和人类命运共同体这个终极目标，为"一带一路"沿线国家和地区发展工业信息安全提供了新思路、新模式、新平台、新机遇。这种创新的合作模式，不仅为"一带一路"沿线国家和地区工业信息安全应急生态建设提供了广阔空间和实施路径，而且会推动全球工业信息安全应急管理模式的变革。工业信息安全是人类共同面对的问题，需要唤醒全球责任意识，构建主体间对话与理解的行动方式，以共享发展的理念，促进工业信息安全应急管理的国际合作交流，在"和平发展，合作共赢"的理念下，以不同文明的管理理念和科学技术相互借鉴为基础，打破藩篱，构建全球工业信息安全应急管理命运共同体。在人类命运共同体理念下，将中华民族优秀传统文化与工业信息安全应急管理科学相结合，使中华民族的智慧和文化得以传承、弘扬。中国自古以来就是文明大国、文化大国，中国传统文化源远流长、博大精深。历史上中国文化的对外传播，曾经给世界带去东方人的智慧和思想，为世界文化的繁荣和发展做出了杰出的贡献。当前，中国的工业信息安全文化蓬勃发展，借助网络无远弗届、跨越时空的特点和优势，在全球一体化、文化多样化、价值多元化的今天，中国工业信息安全文化作为世界工业信息安全文化的一元，为世界工业信息安全发展注入中国智慧、贡献中国力量，同世界各国共赢发展。

　　我是礼俊的老师，保持了三十年的亦师亦友的深厚情谊，学生的成绩也是老师的光荣，给他的书作序我倍感欣慰，也有当仁不让的自豪。他善于合作、倡导共赢的特点在这本书中得到了充分体现，他多年不变对事业孜孜以求、对学问孜孜不倦的态度，尤其令人敬佩。值此书付梓之际，祝礼俊继续在工业信息安全领域大展宏图。以此序与读者互勉，着力安全兴业，惟愿工业更强，"一带一路"工业信息安全应急管理共谱华章。

卞晓峰

Foreword
前言

随着 5G、云计算、大数据、人工智能等信息技术对工业领域的不断渗透，数据与生产过程深度融合，针对工业设施与产品的安全事件频繁出现，工业领域俨然成为信息安全、网络安全、数据安全的又一个主战场。这种日益复杂严峻的安全态势吸引了世界的目光，特别是继乌克兰电网事件后，各国深刻认识到黑客攻击、网络病毒给工业系统和关键基础设施带来的危害，纷纷加紧战略布局，加大安全投入。党中央、国务院高度重视信息安全问题，着力科学构建工业信息安全战略布局，以《中华人民共和国网络安全法》和《中华人民共和国数据安全法》为基础，出台了一系列政策法规、战略规划，强化企业的安全主体责任，明确工业信息安全工作的方向和目标。可以说，在我们轰轰烈烈向制造强国、网络强国迈进之际，工业信息安全已然成为国家总体安全观的重要组成部分，保障工业领域信息稳定、安全流动已经成为重要工作，我辈必须踔厉奋发、笃行不怠！

"一阖一辟谓之变，往来不穷谓之通"。纵览全球工业领域信息安全形势，立足"一带一路"沿线国家和地区工业信息安全现状，《"一带一路"工业文明——工业信息安全应急管理》是国内首部从应急管理角度全面、系统分析工业信息安全及国际合作的一本著作。本书以工业信息安全应急管理为切入点，以打造工业信息安全领域命运共同体为主旨，从标准共建、跨域监测、情报共享、技术交流和应急演练五个维度，阐述"一带一路"国家和地区工业信息安全的发展路径，以及我国开展共商、共建、共享合作所做的努力和贡献。本书希望通过对国内外近年来工业信息安全应急产业脉络、产业发展特点和资源禀赋情况的分析，为国内优势企业挖掘"一带一路"沿线国家和地区的合作机遇提供参考，为促进国内特色工业信息安全产业"走出去"提供参考，以实际行动为构建工业信息安全人类命运共同体注入中国智慧、贡献中国力量，同世界各国共赢发展。

在本书即将出版之际，感谢晓峰老师百忙之中为我作序，感谢曹锋、黄海波等同事，没有他们的鼓励和帮助，我完不成这项工作。

"得其大者可以兼其小。"以共勉。

Contents
目录

第一章
"一带一路"建设中的机遇与风险

漫漫丝绸路，悠悠驼铃声。两千多年前，商人、传教士、托钵僧和军人在这条后来被称作"丝绸之路"的中亚通道的巨大网络里不断穿梭、旅行，传递着欧亚大陆璀璨的文明。两千多年后，"一带一路"倡议的提出，使丝绸之路精神续写新篇，和平之路、繁荣之路、开放之路、创新之路、文明之路的愿景呈现于世人面前，联通新时代的文明成果，使丝绸之路焕发生机。

第一节
"一带一路"概述

一、"一带一路"历史渊源

2100 多年前的西汉，张骞率领一支满载货物的商队，不畏草原、森林、荒漠、戈壁等极其恶劣的自然环境，以及语言不通、食物匮乏、随时可能被俘虏的艰险，开辟了一条中国与世界的商业、文化交流通道，从此绘制出一幅人类历史上的开放包容、求同存异、共同参与、共建共享的宏伟篇章。2000 多年后的 19 世纪 70 年代，德国地理学家李希霍芬在其著作《中国——亲身旅行的成果和以之为根据的研究》中将这条商路及后续产生的通道所构成的庞大网络称为"丝绸之路"，明确其是中国古代与中亚、南亚、西亚及欧洲、北非的陆上贸易交往的通道，让全世界认识了这条中国古老伟大而意义深远的世界共融之道。

根据路线和运输方式的不同，古丝绸之路主要分为陆上丝绸之路、海上丝绸之路和草原丝绸之路。其中，陆上丝绸之路，就是指张骞开辟的以长安（今西安）为起点，经中亚到以地中海的罗马为终点的路线，全长约 6440 千米，也是丝绸之路上最具代表性的路线；海上丝绸之路，顾名思义，是指通过海洋与世界其他地区进行交往的通道，最早也可追溯到秦汉时期，兴于唐宋，海上丝绸之路的代表是南海丝绸之路，指从广州、泉州、宁波等国内沿海城市出发到达阿拉伯海，最远甚至到达非洲东海岸的路线；草原丝绸之路也是一条重要的陆上丝绸之路，特指通过蒙古草原沟通欧亚大陆的通道，主要由中原地区向北越过古阴山（今大青山）、燕山一带的长城沿线，穿越直达地中海北陆的欧洲地区，草原丝绸之路满足了中原地区与草原地区在经济上互补的需求，因此又被称作"皮毛路""茶马路"。

古丝绸之路将东西两大文明联系到了一起，欧洲人获得了来自东方的丝绸、瓷器、茶叶、香料和先进的技术，中国古代四大发明更是推动了欧洲的文艺复兴和启蒙运动，对欧洲大航海时代的到来起到了积极的推动作用；同时，通过丝绸之路，让我国的传统文化更加丰富、国际视野更加开阔，佛教得以发扬光大，土豆、胡萝卜、辣椒、香菜等食物也通过陆上、海上丝绸之路传来，使我国的饮食文化更加多元化。

由于动乱、对外政策、战争等原因，古丝绸之路出现多次受阻，到了 15 世纪末，古丝绸之路基本中断，欧洲为了继续获取外部的生产生活资料，开始了大航海时代，通过探索新大陆、发展殖民地使西方成为世界文明的中心，欧亚大陆文明逐步式微、衰败。欧亚大陆的重新繁荣、复兴成为相关沿线国家的共同期盼。

二、"一带一路"倡议的提出

2008 年全球经济危机爆发，造成影响深远的金融海啸，导致随后的几年全球经济复苏缓慢，越来越多的国家开始重视开放合作，加强区域合作成为推动本国经济和世界经济发展的重要形式。

经过 40 多年的改革开放，中国经济取得了长足的发展，一跃成为全球第二大经济体，全球政治和经济地位凸显。国际上，亚太及欧洲部分欠发达国家和地区希望通过与中国平等共赢的方式加强国际合作，加速本国经济发展。基于此，2013 年 9 月，习近平总书记在哈萨克斯坦纳扎尔巴耶夫大学演讲时首次提出共同建设"丝绸之路经济带"的倡议，同年 10 月，又在访问印度尼西亚时，提出与东盟国家共同建设"21 世纪海上丝绸之路"。2015 年 3 月，国家发展改革委、外交部、商务部联合发布《推动共建丝绸之路经济带和 21 世纪海上丝绸之路的愿景与行动》，"一带一路"倡议正式形成，携手各国打造开放合作平台，为发展提供新动力。"一带一路"以共商、共建、共享为原则，秉持和平合作、开放包容、互学互鉴、互利共赢的理念，全方位推进务实合作，传承古代丝绸之路精神，打造政治互信、经济融合、文化包容的利益共同体、命运共同体和责任共同体。"一带一路"以政策沟通、设施联通、贸易畅通、资金融通、民心相通的"五通"为主要方向，以装备制造、基础设施建设、能源合作、信息技术服务为合作重点，以点带面，从线到片，逐步形成区域大合作格局。

8 年来，"一带一路"从中国倡议到多方响应，从单点突破到全面实施，从怀疑观望到深得人心，汇聚了越来越多的全球各个国家和地区的目光，积累了越来越多的合作经验，在政治、经济、文明、外交、战略，以及区域协同发展、全球携手共治等方面不断贡献中国智慧、激发世界智慧。即使在日益复杂的国际形势和新冠肺炎疫情冲击下，2020 年"一带一路"仍取得了显著的进展和成效，中国对沿线国家非金融类直接投资 177.9 亿美元，同比增长 18.3%，占全国对外投资的比重达到 16.2%，对装备制造业、信息技术业、科研和技术服务业等重点行业投资分别增长 21.9%、9.6% 和 18.1%；2020 年全年与沿线国家货物贸易额为 1.35 万亿美元，同比增长 0.7%，占我国总体外贸的比重达到 29.1%；中欧班列全年开行超过 1.2 万列，同比上升 50%，通达境外 21 个国家的 92 个城市，同比增加 67.3%。截至 2021 年 6 月，中国已经同 140 个国家和 32 个国际组织签署了 206 份共建"一带一路"合作文件，"一带一路"朋友圈越来越大。

三、"一带一路"倡议的意义

"万物得其本者生，百事得其道者成。""一带一路"是鼓励全球参与的大合唱，是中国智慧与世界智慧的结合，其发展目标顺应时代发展潮流，肩负着探寻经济增长之道、实现全球化再平衡、开创地区新型合作的历史使命，其目标是建立一个政治互信、经济融合、文化包容的利益共同体、命运共同体和责任共同体，使包括欧亚大陆在内的世界各国成为一个互惠互利的利益、命运和责任共同体。对于中华民族伟大复兴中国梦的实现和区域一体化与人类命运共同体的构建具有重要的理论意义和实践意义。

对于中国来说，通过"一带一路"，促进资源、能源和高新技术引入，为中国经济转型注入有力的支撑。此外，"一带一路"打通了中国西部欠发达地区与亚非欧国家的通道，构筑了我国全新的开放格局，能够有利促进地方经济转型发展，缩小国内经济发展的差距。

对于世界来说，"一带一路"宣扬的以和平合作、开放包容、互学互鉴、互利共赢的丝绸之路为指引，打造命运共同体和利益共同体的合作目标，符合世界各国特别是发展中国家的发展诉求，建设"一带一路"不仅是为了解决中国经济发展模式转型的问题，也是为了降低国际贸易成本，提升亚非欧国家的竞争力，推动全球化再平衡，促进经济的全球化发展和人类的长治久安。

第二节

"一带一路"倡议的重点合作方向

一、产能合作

在新冠肺炎疫情给世界经济踩了"急刹车"的背景下，建立新的运行机制更显得"顺势而为"，为推动"一带一路"产能合作提供了良好的契机。

近年来，我国不断深化"一带一路"倡议与沿线区域国家发展战略对接，包括俄罗斯"欧亚经济联盟"、蒙古国"发展之路"、哈萨克斯坦"光明之路"、波兰"琥珀之路"等。此外，中国还积极参与和引领区域合作，推动发布《中国—东盟产能合作声明》和《澜湄国家产能合作联合声明》，在数字经济、标准化建设、知识产权保护、税收、绿色投资等具体领域也开展了务实合作。例如，同 20 多个国家通信主管部门和国际组织签署网络空间合作协议，与 22 个国家和地区签署电子商务合作备忘录并建立双边电子商务合作机制，与 16 个国家签署加强数字丝绸之路建设合作文件等。这些机制对产能合作政策障碍的实质消解效果将会逐步显现。2020 年，抗击新冠肺炎疫情蔓延使"健康丝绸之路"又焕发出新的生机，医疗健康产业也会迎来新的合作热潮。商务部发布的数据显示，2020 年，中国非金融类对外直接投资同比下降 0.4%，而对"一带一路"同口径投资活动却逆势增长 18.3%，占同期投资总额的 16.2%，较 2019 年上升 2.6 个百分点。其中，医疗和生命科学行业更是 2020 年中国海外并购的亮点，逆势成为取得增长的行业。这些发展成绩正是对这些合作机制的现实回馈。

数字技术快速渗透，为提升合作效率和扩展合作空间提供了新手段。人工智能、物联网、3D 打印和虚拟现实等数字技术的发展，打通了网络世界和物理世界之间沟通的桥梁，极大地改变了产业组织与合作的方式，为开展产能合作开辟了新空间。网络互通深入推进，截至 2020 年年底，我国与"一带一路"沿线十几个国家建成多条陆缆和海缆，系统容量超过 100Tbps，直接连通亚洲、非洲、欧洲等世界各地。信息通信技术、产品和服务的国际市场竞争力大幅提升。2020 年新冠肺炎疫情期间，中国电信、计算机软件服务、信息服务等行业在"一带一路"沿线的并购活动依然保持强劲增长势头，充分显示了该区域对发展和利用数字技术的热情，这对于加快技术和知识传播、优化人力资本质量和提高企业生产效率至关重要。

二、重大装备

重大装备是装备制造业中技术难度大、成套性强，在国家投资的重大基础设施建设项目和产业发展中使用的关键技术装备，对一个国家的综合国力和国际竞争力具有极其重要的战略意义。中国高铁、核电、重大装备等技术能力取得长足发展，已具备国际竞争能力，亟需走出去开拓国际市场。

据国家统计局统计，2020 年我国对"一带一路"沿线国家进出口总额 93696 亿元，比 2019 年增长 1.0%。其中，出口额为 54263 亿元，同比增长 3.2%；进口额为 39433 亿元，同比下降 1.8%。"一带一路"已成为全球最具吸引力的投资目的地，其中，电机、电气设备及其零件和核反应堆、锅炉、机器、机械器具及其零件是最重要的两类贸易品。同时，法国、韩国、加拿大、德国、英国、瑞士等发达国家也积极与中国达成第三方市场合作协议，以分享区域发展红利，充实发展动能。

进入后疫情时代，恢复经济已成为目前世界各国的重要任务之一。恢复经济，"基建"先行，国际市场对机械装备的需求大幅提升。上海自贸区临港新片区是上海高端装备制造业的重要集聚地，区内"三一重工"的产品凭借着出色的技术优势，伴随着我国"一带一路"的足迹，深度参与国际竞争，也赢得了国际市场上买家的青睐。据统计，2021 年以来，已有 363 台各型重要工程设备从上海南港运往印度尼西亚雅加达港口。这些设备将在公路、建筑工程、有色金属开采等建设中大显身手，为疫情后的发展提供动力。

三、基础设施

"一带一路"陆上沿线国家和地区，普遍存在交通不便利、基础设施相对落后的情况，要想加快经济发展，必须搞好包括公路在内的交通基础设施建设。公路交通灵活方便，具有独特的技术经济优势，公路交通基础设施建设是实现"一带一路"陆上互联互通的关键，打通"一带一路"沿线的缺失、瓶颈路段，提升沿线公路基础设施水平，有助于改变目前制约"一带一路"沿线国家深化合作的基础设施薄弱环节。

自"一带一路"倡议提出以来，中国与沿线国家设施连通性不断提升。2019 年，印度尼西亚雅万高铁瓦利尼隧道贯通，同江中俄跨江大桥贯通，中老铁路琅勃拉邦湄公河特大桥合龙，肯尼亚内罗毕—马拉巴标轨铁路一期工程正式建成通车，匈塞铁路、蒙内铁路及中巴、中缅经济走廊等一大批重大项目也正在积极推进中。互联互通项目的推进为产能合作提供了便利、低成本的人员与货物运输通道，中欧班列也成为促进中欧地缘经济融合发展的基础支撑。新冠肺炎疫情的爆发虽然使近两年快速增长的全球基建市场有所放缓，但在疫情得到有效控制后或再迎高潮。一方面，中欧班列在疫情期间为防疫物资的出口提供了宝贵的通道，2020年全年开行列数首次突破"万列"大关，同比增长50%，为稳定国际供应链、助力中欧共同抗疫发挥了不可替代的作用，其重要性再获重视；另一方面，基础设施投资为各国恢复经济、稳定就业提供了有力支撑。除了铁路、公路、机场等传统基建，医疗保健设施也因病例突然激增而不堪重负，信息系统无法满足数据分析需要等事实，为以科技、医疗、教育、文体娱乐等为核心的新基建提出了更高的要求。例如，印度尼西亚提出在2021年拨付约38亿美元用以支持基础设施建设、旅游和制造业等，肯尼亚、马来西亚、坦桑尼亚等国也纷纷通过扩大赤字规模、增加基建投资等公共支出方式刺激本国经济发展，阿联酋、缅甸等也已着手医疗基础设施的项目建设。这些基建项目既为"一带一路"产能合作创造了需求，又为扩大产能供给提供了可能。

第三节

"一带一路"倡议风险分析

自2013年提出以来，"一带一路"倡议不断深入推进，由理念到框架，由框架到战略规划，由战略规划到深入实施，其面临的问题也日益凸显。作为"一带一路"倡议的提出国，针对"一带一路"倡议推进过程中面临的法律、文化、投资和网络空间安全等风险，我们应该及时制定有效的应对措施，促进"一带一路"倡议顺利推进，实现互利共赢、共同发展。

一、法律风险

因"一带一路"沿线国家隶属法系不同而引发法律风险。"一带一路"大家庭已经有140多个国家，其法系主要分为大陆法系和英美法系两大类，除此之外，还有一些国家属于伊斯兰法系。根据"一带一路"所覆盖的范围，蒙古、韩国、日本等东亚国家，除阿富汗外的中亚国家，缅甸、泰国、老挝等东南亚国家，以俄罗斯及法国、德国为核心的绝大多数欧洲国家，都属于大陆法系；印度、巴基斯坦等亚洲国家，坦桑尼亚、肯尼亚等非洲国家，以及欧洲的英国和爱尔兰等属于英美法系；阿富汗及除伊拉克、以色列等少数国家外的绝大部分中东国家属于伊斯兰法系，均实行伊斯兰教法。不同法系国家的法律分类与术语、法律表现形式、审判模式与技巧、法律适用规则等差异较大，同一纠纷在不同法系国家之间的处理方式各异，法律的适用性会被削弱。同时，因所属法系不同而产生的法律信息不对称，也可能会给投资者带来许多无法预测的风险。

"一带一路"沿线国家在基础设施、贸易投资等领域的法律法规、税收规定与国内有很大不同，许多国家有关投资贸易的立法仍处在不断调整完善之中，相关法律的修订比较频繁，并且存在不同层级的立法主体，使投资者很难把握即时交易规则，导致贸易难度加大。一些国家的行政执法、行政监管十分复杂，执法透明度不高，对外国或外资企业在执法力度上有所歧视，甚至会基于本国政治、经济利益和安全方面的考虑，有针对性地对某些跨国公司或者海外企业进行一定程度的法律管制。这些因素的存在，必然会对我国企业的海外投资与贸易活动产生诸多不利影响，造成潜在风险。

贸易保护主义有利有弊，利则可以通过限制进口保护本国商品在国内市场免受外国商品竞争；弊则不利于本国工业的进步，易导致国内资源的低效配置，甚至可能失去参与国际分工、获取比较利益的机会。消除投资和贸易壁垒，实现贸易畅通和投资贸易便利化、自由化，构建良好的营商环境，激发释放合作潜力，是"一带一路"建设的重点内容。

二、文化风险

参与共建"一带一路"的国家已有 140 多个，影响范围之广，是其他任何合作经济带所难以媲美的。从目前规划的线路看，沿线所涉国家使用的语言有 1000 余种，其中官方语言及国语总共 60 余种。由于语言状况复杂、语言种类繁多，在沟通协作中可能产生跨文化风险。跨文化企业内外部的信息沟通和传递离不开语言及其互译互通，在这一转换过程中，由于业务人员的知识储备、认知能力、"连译带改"等因素的影响，可能造成语言理解上的偏差和错误。跨文化合作的企业因为语言的错误信息传递而造成误解、曲解，形成对立的情况时有发生。文化是一个民族和国家的命脉，不同民族的文化差异制约着民族之间的交往，在交往中不可避免地产生分歧，这就可能影响沿线人民对"一带一路"的价值判断和情感认知。

宗教本身不是风险，但在一定时空条件下，却能够成为不理想事态发生的导火索，并使事态进一步扩大。"一带一路"沿线地区曾是佛教、伊斯兰教等宗教的发祥地，孕育过中华文明、古埃及文明、基督教文明等许多古老文明，其中许多国家的宗教信仰氛围浓厚。宗教在不同文明交流互鉴、不同国家友好往来中曾起过重要作用，但这一变量也可能产生风险，并引发"蝴蝶效应"。宗教矛盾的风险主要体现在宗教矛盾冲突上升、宗教活动场所成为敏感危险的地方、宗教信仰差异造成情感认同障碍等方面，其中既有沿线国家客观存在的宗教问题，如教派对立、宗教纷争，又有市场主体对国外的宗教文化缺乏了解，在项目建设中未能充分考虑当地的宗教习俗、宗教禁忌而引发的风险。

推进"一带一路"须以相关的制度体系为基础保障。当前针对不同背景的国家和地区采用差异化合作方案，这是其开放性、灵活性的一面，不过这种实践模式是一种低制度化下的区域合作。一方面，规则标准和规则约束力水平较低，区域贸易投资规则体系的制约协调能力不足，投资企业和金融机构对其他国家的制度规则理解不够，已影响到投融资机制的实现；另一方面，沿线国家的政治体制和社会制度不同，增加了统一标准和具有普遍约束性规则的建构难度，制度约束力难以得到有效体现。

三、投资风险

"一带一路"贯穿亚非欧大陆，地理覆盖范围广，政治、经济、文化、民族、社会差异性大，在如此广袤的区域开展海外投资，必然面临着地缘政治风险，既包括沿线国家的疑虑，又包括域外国家的阻挠，同时还存在不可抗力。海外能源供给安全问题也十分棘手，局势动荡、政权更迭、战争战乱、恐怖主义等因素加剧了我国能源、矿产等行业海外投资的风险隐患。此外，大国博弈也增加了风险的复杂性和可能性，对我国在"一带一路"沿线的海外投资安全提出了严峻的挑战。

　　"一带一路"沿线多为新兴经济体和发展中国家，这些国家在开放和发展过程中大多面临政治维稳、经济发展、社会转型、政策调整等诸多挑战，除新加坡、波兰、保加利亚等少数国家外，就"一带一路"沿线整体而言，营商环境不容乐观，我国企业海外投资面临着诸多未知风险。

四、网络空间安全风险

　　多元性与复合性并存。"一带一路"沿线国家的网络空间安全波及范围广，不但严重威胁沿线国家的互联互通，还威胁着沿线国家的安全稳定。这些网络空间治理的现状呈现出多元性与复合性并存的特点，并与相关国家的能力建设和组织建设交织在一起，形成复合存在的建设体系。网络空间治理在更深层次上与国家政治、文化、经济有着不可否认的联系，具有难度大、过程时间长、复合性明显等特点。

　　区域性与跨国性并存。目前的网络空间治理，尤其是网络安全和防御带来的影响不但具有明显的区域性和跨国性，还出现了转移、扩散、共生等现象，这并不是在某一国家内部就可以解决的，更别说有些网络安全、防御、治理问题发生地本来就是网络空间虚拟领域，事件本身的发生发展与空间内各国都有关系，以上这些都表明问题超越了国界划分的地理空间，具有区域性或者跨国性。以电信诈骗为例，我国境内的电信诈骗罪犯有可能窝藏在东南亚地区，借助虚拟空间和技术力量，进行远程攻击诈骗，需要周边国家和地区合作解决。

　　动态变动性与防控手段局限性并存。网络空间治理本身的多元性与复杂性，地缘政治的不确定性，加之区域性与跨国性并存的特点，意味着探究和观测网络空间问题存在巨大的不确定性和难度，如面临建立预警体系的高技术性、高资金支持、复杂的地缘政治，技术监督滞后等一系列困难。从宏观上看，网络空间治理在"一带一路"上表现形式多样、种类繁多，区域化、国际化明显，尤其是恐怖主义等安全问题越来越直接影响沿线国家地区的发展稳定。

　　"一带一路"是需要十几年甚至几十年时间推进的伟大工程，面临着前文所述的法律、文化、投资和网络空间安全等风险，这些风险可能随着时间的推移具有种种不确定性，我们需要未雨绸缪，妥善应对。

第二章　网络空间安全

网络攻击跨越了时间、空间的界限。敌人远在地球的另一端就可以在数秒内对网络作战目标发动毁灭性攻击。网络攻击可以导致国家政治失控、经济混乱、军队战斗力丧失，却可以兵不血刃。大国博弈从来不只是在沙场，网络空间作为与海陆空天并列的人类活动"第五空间"，已成为维护国家安全的战略要塞。

第一节

网络空间安全概述

一、网络空间安全内涵

网络空间最早是由作家威廉·吉布森（William Gibson）提出的，自从他对网络空间这个概念进行了简单的描述之后，这一词语就随着他的作品传播到了世界各地。随着科学技术的进步，互联网在全球范围内得到了更加广泛的应用，并深入到各个行业领域，网络空间这一概念也因此得到了快速传播，并获得了越来越多人的认可。随着相关技术的进一步发展，网络空间也有了新的含义：人类神经系统和计算机信息网络系统集成在一起的虚拟空间，它是真实的社会主体"人"与网络空间的连接和整合。在此过程中，人们在网络空间中漫游，逐渐生成了"交感幻觉"（Consensual Hallucination），之后形成各种独特的想法和观点。可以说，"网络空间"已经突破了原有的概念，不再受到现实空间的约束，而是在多个理论层面获得了极大的延伸，虽然仍是围绕人类这一核心展开的，但是其对空间中的各类资源进行完全的控制，实现了个体与个体之间的交流和互动。随着互联网在人类生活中的广泛应用，网络空间已经从虚无缥缈的理论性概念，逐渐深入到人们的生活、工作当中，并对现实生活造成了极为深远的影响。而且，随着技术理论的进步，它已不仅仅是在工业生产等领域获得应用，更是在人类经济、社会等全方位领域进行深入的互动。网络空间借助硬件设备的互连来构建网络领域，反映了人和人之间实际的数据通信和资源共享。可以说，网络空间推动了信息时代和网络大数据时代的到来，它通过各种连接方法（如点、线和面）将世界各地的人、计算机和数据资源连接起来，成为一种关乎国家主权，以及用于工业生产、人类生活的新型公共空间。

对网络空间进行研究，就需要对其内涵有所了解和掌握。迄今，很多学术人士对其内涵都有了自己的认识和理解。有学者认为，网络空间与互联网有着非常大的相似之处。迈克尔·本尼迪克特（Michael Benedict）给出了如下定义："由计算机硬件互联互通而形成的全球化网络或'虚拟'现实。在实际情况下，我们可以将计算机看作一扇窗口，人们由此看到的对象既不是真实的，也不是虚幻的。从外在形式来说，所看到的符号是由纷繁复杂的数据代码生成的，这来自客观世界的运作，更来自关联性的科学、文化活动。"迈克尔·希尔（Michael Hill）称"网络空间可能比实际建筑更具各异性，而且代表了特殊的运行法则"。当然，随着相关概念的进一步延伸，单纯技术上的定义显然已落后于时代，而且与当前的网络空间不相适应。我们需要结合现实，对网络空间的内涵进行适当的补充。A. R. Stone 的观点是，可以将网络空间看作一类社会空间。当然，它是"以网络为平台，为各个成员之间提供完成互动、交流的媒介和桥梁"。基于这一理论，有些学者提出："网络空间不是实体化的，而是一种虚拟化的空间，是一种实现信息传递的介质，能够将全球各地的人、物连接起来成为一个整体，不仅为人们之间的交流提供了高效化的媒介，更为人们对自我身份的重塑提供了新的契机。"通过上述分析可以发现，人们已经从多个角度给出了网络空间的定义，但是随着网络信息技术的发展，网络空间的内涵正在变得更加复杂。基于网络空间的虚拟性及开放性，关于网络空间的定义没有权威统一的结论。根据学术界已有的观点和理论，我们试着给出如下定义：网络空间借助高速发展的互联网技术，利用信息化网络来实现数据的流动和分享，创建一个开放、共享的交流平台。它不仅是国家主权和政治规划的主要战场，而且是推动经济发展、社会进步的关键性力量。网络空间独特的特征使管理模式进入了一个新阶段。

网络空间安全（Security in Cyberspace）指的是除海、陆、空和太空之外的，非传统领域中的安全问题。相比来说，它不仅涉及国家安全，还涉及网络系统运行的稳定性、可靠性，以及对网络个体的多层次保护。可以说，它与传统领域的安全既相同又不同。它更多地表现出一种立体化、个性化的安全性特征。但是，在具体实施过程中也必须意识到，它与传统领域中的安全是相互渗透、相互影响的。从技术层面予以分析，网络空间安全可从以下三个方面入手。

一是系统安全。它是实现网络空间安全的物质基础，既为网络平台的正常运行提供服务，又同时接收服务，它是整个体系安全运行的重要保证。

二是程序和数据安全。主要是为了确保人们开发、应用中的程序和软件能够在系统中稳定、可靠地运行，并确保相关数据不受损坏和窃取。

三是网络连接安全。指的是网络在连接过程中的安全，例如对信息传递路径等的保护，以确保传递中的数据不被篡改，系统不被病毒入侵。在应用层面上，网络空间安全将全球范围内的社会个人安全、组织安全及政府安全均涵盖进来，它属于一种新型社会结构形态安全。

二、网络空间安全与网络安全、信息安全的区别

在非传统的安全领域中，容易同网络空间安全相混淆的概念有网络安全和信息安全。如果只根据这三大安全的英文意思来分析，则不难看出各种信息安全均被统一称为信息安全，即信息安全不仅代表了现实社会信息安全，还代表了网络空间信息安全。相比来说，网络安全范畴则比较明确，它指的是网络所产生的一系列安全问题的总称。对网络空间安全来说，其针对性非常强，强调的是安全空间范围。详细来说，信息安全指的是确保国家、机构和个人信息资源、信息空间及信息载体不遭受内外部误导、侵害或者威胁。信息安全的重

要作用是为技术安全与物理安全提供基础性的保障和支持。伴随网络技术的快速发展，互联网应用越来越广泛，现如今信息安全已无法对网络所产生的各种安全性问题进行准确和直接的解释，包括网络文化乱象、网络黑客攻击、网络思潮涌入问题等。正是在这一情形下，产生了网络空间安全与网络安全。网络安全所对应的是现实社会的安全，它是以信息与网络为基础所形成的网络社会安全与网络线上安全的统称。网络空间安全指的是各种全球性的公共领域安全性问题。从个人权益的保障与社会和谐稳定方面来说，网络空间安全都是非常重要的，同时有着深远的意义和巨大的影响。所以，网络空间安全、信息安全及网络安全都是信息技术不断发展的产物。这三者间既具备各自的独特性，同时也有重合交叉的地方，而伴随信息化技术的日益成熟，其融合度也越来越高，所呈现的特性也更加显著。

三、网络空间的特征

网络空间是虚拟空间，也是一个新型空间，为了深刻领会和准确把握网络空间的概念，有必要对网络空间的特征进行深入挖掘。具体来说，网络空间具有以下特性。

(一) 客观性

网络空间是客观存在的。这种客观存在不是指构成网络外在基础的计算机终端和电缆电线、软件等，而是实实在在存在着的，是由这些计算机终端等外在技术支持着的相对独立的信息传递、交叉、产生的空间。网络空间对于肉眼来说是看不到的，人们可见的只是具体消息在显示屏上的呈现，但不能因肉眼看不到而否认网络空间的存在，它和物质空间一样可以被人类所感知，是物质空间以计算机为媒介的衍生和延伸，但它又和物质空间不同。它不能脱离人类社会而独立存在。所以，它也要受到人类社会法律法规和道德标准的约束。

(二) 全球性

网络空间的全球性表现在其覆盖面广，达到了全球范围。美国前总统奥巴马在 2009 年 5 月的讲话中说："网络空间是一个每天我们都依赖的世界，它使得我们之间比人类历史上任何一个时期都存在更多的互联互通。网络空间打破了空间的界限，把世界连成了一个村落，被人们形象地称为地球村。地方事件经过网络的传播立即成了全国、全球事件，遥远的事件立即近在咫尺。"We Are Social 携手 HootSuite 发布了新报告 "2020 年全球网络概览"，新十年的开启，越来越清楚的是网络、移动和社交媒体已经成为世界各地人们日常生活中不可或缺的一部分。全球目前有超过 45 亿人使用互联网，而社交媒体用户已超过 38 亿大关。近 60% 的世界人口已经上网，截至 2021 年 6 月，世界总人口的一半以上在使用社交媒体。2020 年，近 3 亿人首次上网，其中大多数新用户生活在发展经济体中。互联网在我们的生活中也扮演着越来越重要的角色，全球网民平均每天上网 6 小时 43 分钟，典型用户现在醒着的时候有超过 40% 的时间在使用互联网。

（三）开放性

网络空间的开放性表现在所有用户均可接入互联网。国际互联网向全球开放，不设门槛，不分国别，没有权限限制，只要铺设网络基础设施，均可接入互联网。全球网络形成初期就放弃了传统的线路交换式的信息传递方式，而采用了全新的包交换技术，即采用了分布式的网络体系。后来，为了在不同的网络终端之间实现资源的共享和信息的交互，又采用了 TCP/IP 协议，这就使得不同类型、不同操作系统的网络终端都能通过相关联的网络进行信息沟通。1991 年，伯纳斯·李又发明了一种新型的计算机语言，即超文本标识语言。这种语言可以把网络上的信息用新的方法联系起来，这使得任何一个文件在任何操作系统、任何浏览器上都可以被识别，从而被人类所接收。互联网是开放的，它突破了时间的限制，没有了地理上的距离概念，任何地区的人只要遵循规定的网络协议，并拥有计算机终端和物理网络，就可以随时随地加入互联网。在互联网上任何人都拥有接收信息、发表言论及进行艺术创作的自由。

（四）共享性

网络空间的共享性表现在促进全球资源共享。互联网将所有的资源进行整合，供各方共享，从而大大降低了信息流动、信息获取的成本。利用互联网，美洲的工人可以通过东南亚生产的计算机、欧洲编写的软件进行科学实验研究，而来自加拿大和印度的学者能够通过视频会议进行集中学习。正如萧伯纳所言：倘若你有一个苹果，我也有一个苹果，而我们彼此交换的是这些苹果，那么你和我仍然是各有一个苹果。但是，倘若你有一种思想，我也有一种思想，而我们彼此交换这些思想，那么我们每人将有两种思想。2011 年 12 月，在伦敦召开的互联网自由大会上，美国前国务卿希拉里表示，一个人对互联网的使用并没有减少其他人的机会，互联网本身不是消耗性和排他性的。最近，美国 15 岁少年杰克·安德卡拉通过在互联网和搜索引擎上搜索资料，研究并发现了一种能够快速检测早期癌症的试纸。这种试纸检测法要比当前广泛流行的检测方法快 168 倍，敏感度和成功率更是高达 400 倍，而检测成本却只有当前的万分之一。当谈到他的发明过程时，这个少年说："通过网络，一切都有可能。在网络中可以分享理论。你不必像教授一样，只有拥有多种学历，才能让你的想法看起来价值非凡。在网络中你的想法总是有价值的，你可以利用网络改变世界。如果像我这样一个 15 岁的孩子都可以通过谷歌和维基百科来完成我的研究，那么你们也能做到。"

（五）脆弱性

网络空间的脆弱性主要表现在网络容易受到攻击。网络化程度越高，其节点越多，遭到网络攻击的可能性就越大。互联网的全球性和开放性为对手提供了广阔的攻击机会，使得我们在面对来自罪犯、网络入侵者及国外情报机构的威胁时显得非常脆弱。例如，系统的安全配置、用户操作方法容易遭到攻击，互联网通信的平台、协议、操作系统、程序语言和各种应用软件也会受到木马程序的感染。可以说，从硬件到应用软件都可能存在各种各样的安全漏洞。尽管安全漏洞可以被修补，但仅限于修补已经发现的漏洞，而新的安全漏洞层出不穷，被发现时往往已经造成了巨大的损失。再者，系统和软件在不断地升级中，新漏洞的出现也是不可避免的。同时，网络活动的门槛很低，一个单独个体或小集团的网络活动都可能对国家安全和经济安全造成巨大破坏，产生与其规模不成比例的重大负面影响。目前对数字基础设施的控制和管理较为宽松，大部分人都可以轻松地触及关系网络安全的软硬件系统，因此，在网络空间，各种巨大的风险正对主权国家、企业和公民的合法权利形成威胁。网络的全球性使得没有一个单独的国家或组织能够凭借自身构建有效的网络防御能力。根据安全服务公司 Kind Sight 的最新报告，北美有大量计算机用户在上网时都会在系统中遭到不速之客的骚扰，从 Windows 用户到 Mac 用户都是这样。报告显示，每 14 个家庭网络中就有一个系统感染恶意软件，如木马和僵尸软件。最近，对美国几个从事电子商务运营的企业进行了一系列调查，结果显示：大多数企业缺少防御木马和僵尸软件攻击的措施，六成以上的企业在上一年受到过木马攻击，大约五成的公司曾有过系统崩溃的惨痛教训。这些公司表示，系统崩溃给公司的运营和管理带来了巨大的损失。同时，一些政府出于政治目的也会暂时屏蔽或关闭互联网。例如，缅甸政府在 2007 年暴力镇压"袈裟革命"和平抗议后的几天中，就切断了与全球互联网的所有连接。而据英国《每日邮报》报道，伊朗政府已经切断其互联网与世界其他网络的联系，导致伊朗数百万民众无法登录邮箱和社交网站，也无法登录自己的网上银行。

四、国家间网络空间博弈日趋激烈

网络空间是所有信息系统的集合，是人类生存的信息环境，人在其中与信息相互作用、相互影响。当前，一方面是信息技术与产业的空前繁荣，另一方面是危害信息安全的事件不断发生。敌对势力的破坏、黑客攻击、恶意软件侵扰、利用计算机犯罪、隐私泄露等，对信息安全构成了极大威胁。

随着互联网、大数据等技术的不断发展，网络经济和信息应用水平不断提高，为经济社会发展提供了强劲的动力。与此同时，网络安全问题愈发突出，形势异常严峻复杂。

（一）网络安全上升到国家安全高度

国家安全已不仅仅局限于地理范畴，其进一步向网络空间蔓延，网络安全成为事关国家安全的重要问题。当前，世界各国竞相将网络安全问题统筹纳入国家安全整体战略，紧锣密鼓地制定和出台网络空间安全战略规划、政策标准等。近年来，美国成立独立网络司令部，接连出台《国防部网络战略》《国家网络战略》等，积极谋求网络空间霸权，并竭力推动网络空间军事化；加拿大、澳大利亚、新西兰等西方国家也在相继出台国家网络空间战略；日本政府制定了面向未来三年的网络安全战略。在网络空间安全机遇和挑战并存的时代，为积极应对复杂多变的网络空间安全形势，有力维护国家安全和国家主权，我国也制定出台了《国家网络空间安全战略》等一系列的网络安全政策法规，明确了今后一段时间我国在网络空间安全方面的基本方略和行动指南，并为全球互联网治理提出了"中国方案"。

国家间的网络空间博弈日趋激烈，网络安全对抗与对话渐成常态。近年来，随着"棱镜门""邮件门"等多起带有政治背景的网络安全事件的发生，以及国家有组织的网络攻击活动的出现，不但加剧了网络安全对抗，还加快了国际网络空间安全战略布局。

带有国家背景的大规模网络监控和网络攻击不断升级。俄罗斯卡巴斯基公司揭露美国国家安全局控制的"方程式小组"使用多款木马间谍程序，潜入伊朗、俄罗斯、中国等的军事、金融、能源等关键部门的上万台计算机；意大利黑客组织"HackingTeam"公司逾400GB的数据被披露公开，并直接证明了美国、摩洛哥、埃塞俄比亚等20多个国家的军事或安全机构向该国购买了网络间谍和漏洞工具。

（二）各国加大构建国家网络空间对抗力量

2017年，美国在网络空间安全组织机构和特种部队建设方面继续发力，新型网络部队与指挥机构基本成型。随后，时任美国总统特朗普宣布，升级网络司令部为第十个作战司令部。俄罗斯、德国等国也加紧网络作战能力部署。

推动网络空间漏洞的国家战略储备。从网络武器库泄露的情况看，美国军方已经成规模地研制、储备了大量的网络武器，而这些网络武器都以漏洞利用为基础。西方国家一直致力建设网络安全漏洞库，建成了一批很有影响力的漏洞库，如美国的NVD。中国自2009年以来开始建设国家级漏洞库，目前主要有CNVD和CNNVD。2019年，国家工业信息安全漏洞库正式上线，覆盖有色、钢铁、装备制造、石油石化等10个关键领域的行业。

（三）积极谋求网络安全对话和合作

对当前中美关系而言，网络安全已成为无法回避的重要议题，从中美两国元首就网络安全合作达成共识、美国网络安全执法跨部门代表团访华，到中美举办高级别联合对话，双方在网络安全领域的合作呈积极发展势头，取得了一系列合作成果。各国国家级网络安全机构建立良性协作机制，国家互联网应急中心（CNCERT）代表中国与数十个国家级CERT组织建立了合作工作机制。

网络空间安全呈现日益严峻的趋势，逐渐成了决定国家安全的重要因素和关键环节。党的十八大以来，习近平总书记对网络安全和信息化工作高度重视，围绕如何做该项工作做出了一系列重要讲话和工作部署，高瞻远瞩，提出了推动我国网络安全治理的新理念、新思想、新论断，体系化构成了习近平网络强国的重要思想。以维护网络安全为重点，习近平总书记从党和国家全局的高度，高屋建瓴，对目前网络安全的新形势进行了深入和全面的分析，归纳提出了新形势下的网络安全观。总体国家安全观是习近平总书记在中国共产党中央国家安全委员会会议上提出的一项重要思想理论。总体国家安全观包含了网络安全，是习近平总书记关于网络安全的总体视角。从习近平总书记的讲话中可以得出，网络安全已经不仅是简单的技术问题，而是上升到涉及国家安全的高度。习近平在主持中共中央网络安全和信息化委员会办公室第一次会议的时候，就明确提出了"没有网络安全就没有国家安全"这一重要论断，这标志着网络安全成为国家安全的关键组成部分。习近平总书记还指出，网络安全和信息化是事关国家安全和国家发展，事关广大人民群众工作生活的重大战略问题。习近平总书记"两个事关"重要论述，体现了新时代网络安全工作的重要性和紧迫性，阐明了对网络安全本质特征和规律性的深入认识，为做好网络安全和信息工作指明了方向。

（四）我国高度重视网络空间安全

2017 年 6 月 1 日，《中华人民共和国网络安全法》正式实施。这是我国第一部全面规范网络空间安全管理方面问题的基础性法律。2021 年 6 月 10 日，全国人民代表大会常务委员会审议通过《中华人民共和国数据安全法》，自2021 年 9 月 1 日起施行，目的是规范数据处理活动，保障数据安全，促进数据开发利用，保护个人、组织的合法权益，维护国家主权、安全和发展利益。国家网络安全职能部门依据法律和规章制度，采取了一系列维护网络空间安全的重大举措，包括保护关键信息基础设施、加强网络文化建设、打击网络恐怖和违法犯罪、完善网络治理体系、提升网络空间防护能力、加强网络空间国际合作等。通过制定发布标准规范、开展专项整治行动、组织网络攻防实战演练、实施专项检查和督导等活动，有效提升了各行业单位和社会公众的安全意识，锻炼了针对重大网络安全事件的监测发现和应急处置能力，增强了安全保护弹性和攻防对抗能力，培养了一批训练有素的网络安全专业人才，初步建立了针对关键信息基础设施和重要信息系统的安全保障体系。当前，国际形势纷繁复杂，全球网络空间安全态势持续演变，外部环境日趋严峻，我国在经济转型和社会发展方面也面临困难和压力，需要我们清醒地认识到网络空间所面临的安全挑战，并制定有针对性的应对策略。

第二节

网络空间命运共同体

一、网络空间国际合作的"中国方案"

随着网络技术的日新月异和更新迭代，人类社会逐渐步入了"大数据时代"，信息化与全球化成为势不可当的潮流。网络被誉为"双刃剑"，在为人类社会的生存与发展提供新的空间和无限可能的同时，也滋生出一系列的世界性难题，这就是构建和维护网络命运共同体所面临的现实问题，需要人类社会拿出切实措施加以有效治理。

当前，全球互联网治理格局正在发生着急剧的变化，多极化趋势越来越明显，通过多边协商来建立网络治理国际规则成为重要的标志，加强各国政府、国际组织、互联网企业、技术社群、民间机构、个人等各利益攸关方之间的沟通与合作，成为制定和执行网络空间治理国际规则的必要前提和基本保障。国际社会已经在构建互联网治理体系上逐渐形成了共识。

近些年来，我国政府在构建网络空间治理国际规则上一直走在世界前列，发挥着积极带头作用。我国先后出台并实施了《中华人民共和国网络安全法》《国家网络空间安全战略》《网络空间国际合作战略》，尤其是《网络空间国际合作战略》，系统阐释了中国构建网络空间命运共同体的基本设想，为制定全球网络空间治理国际规则提出了"中国方案"。2017 年，在中国领导人的倡议下，金砖五国通过了《厦门宣言》，主张在联合国主导下制定国际法律文书，打击信息通信技术领域的犯罪行为，促进社会的公平正义。此举旨在建立健全网络法律法规，进一步规范和约束网民的网上行为，推动网络社会的安全有序发展，打击跨国网络犯罪和网络恐怖主义，倡导世界和平发展。随着全球范围内法治进程的不断推进，现实社会的法制建设已经较为健全，各种形式的违法犯罪和恐怖主义行为早已成为众矢之的，其生存和发展空间也变得越来越狭小。相对于现实世界的规范化和法治化，网络空间由于虚拟性的特点正成为违法犯罪的温床，潜在的隐患和危机越来越突出。网络攻击、网络犯罪、网络间谍、网络空间军备竞赛、网络恐怖主义相继成为威胁国家安全的新方式，其中网络恐怖主义已成为国际社会普遍面临的现实难题。网络恐怖主义凭借其隐蔽性、智能性、便捷性及强危害性等特点，使得任何一个国家和地区不仅不能独善其身，而且难以单打独斗，唯有携手合作、共同应对才能解决此类问题。

二、网络空间命运共同体版图构建

随着互联网的快速发展，网络空间作为一种新的事物和现象难免会出现或衍生许多新的问题，而且这些问题涉及国家主权、安全生产等诸多挑战，关系人类共同的生存和发展。人类社会要从人类命运的高度和深度关注网络空间命运共同体的构建。

网络空间命运共同体是人类社会共同的精神家园。网络空间相对于现实空间无疑是一个虚拟的世界，虚拟世界对现实世界的影响和威胁到底有多大，究竟意味着什么？不同国家和地区的人们可能会存在不同的态度。忽视或轻视网络的作用，在一些相对欠发达的国家或地区市场经济和文化的滞后发展限制了人们的视野，消解了人们对未来的思考和前瞻，遮蔽了人们对未来问题的担忧。然而网络虚拟空间不仅是现实社会的折射，还会对现实社会构成潜在的威胁和影响，因此无论是发达国家还是欠发达国家和地区，都要进一步增强对网络虚拟空间的认识和重视。

人类命运共同体是一个具有远见卓识的跨时空概念，是一个把人类作为关照对象的具有人文关怀精神的理念。既有发展的前瞻意识和社会责任意识，又有生存的忧患意识和危机意识。在地球上，人类一开始往往是按照家族、群落和部落的集体形式出现的，然后逐渐形成国家的形态，国家与国家、地区与地区又组成了世界。世界大同虽然还只是个理想，但是，网络虚拟空间把现实中的国家与国家、地区与地区连接起来，形成难以分割的整体。彼此关联、相互依存的人类命运共同体和网络空间命运共同体是人类社会共同的精神家园。

网络空间命运共同体与互联网思维休戚相关。人类传统的思维方式相对较为简单，要么是线性思维，要么是非线性思维，而互联网思维则显得较为复杂，它是建立在网络技术和网络媒体之上的思维方式，是建立在万事万物互联互通基础之上的多重节点相互交织的思维方式。网络空间命运共同体的构建就是将网络世界里的每一个个体和群体都紧密地联系在一起，在个体与个体、群体与群体之间，编织彼此关联的网络世界。

对于一个国家或地区来说，闭关锁国肯定不符合人类社会发展和进步的方向，只有加快改革开放的步伐，推进与世界一体化的发展进程，主动融入这个世界，才能被当今的世界所认可和接纳。互联网思维是人类社会行动的黏合剂和动力源，离开了互联网思维，人类社会就会回到小国寡民的松散和无序状态；拥有了互联网思维，人类社会就会在凝聚共识的基础上，形成一个精诚团结的利益共同体和命运共同体。

三、网络空间命运共同体治理方案

随着网络技术的日新月异和更新迭代，信息化与全球化成为势不可当的潮流，朝着人类社会汹涌而来。构建和维护网络命运共同体所面临的现实问题，需要人类社会拿出切实措施进行有效治理。

制定网络空间治理国际规则，维护网络安全，促进公平正义。网络空间不是"法外之地"，与现实社会一样，需要制定与其相配套和相适应的行为准则和治理规则。网络安全关系网络空间内各行为主体的切身利益，坚持走法治化道路是维护网络安全和促进公平正义的重要手段和方式，建立适合网络空间生存和发展的"游戏规则"势在必行。

2016年4月，习近平总书记在网络安全和信息化工作座谈会上向世界发出倡议："面对这些问题和挑战，国际社会应该在相互尊重、相互信任的基础上，加强对话合作，推动互联网全球治理体系变革，共同构建和平、安全、开放、合作的网络空间，建立多边、民主、透明的全球互联网治理体系。"此倡议受到世界上绝大多数国家的赞许和积极响应。

打造网络空间命运共同体的"中国方案"，向世界传播中国特色网络文化。在人类命运共同体理念下，网络空间命运共同体绝不囿于某个国家或地区，而是关系整个人类社会今天的生存和未来的发展。中国作为全球第二大经济体和负责任的东方大国，一直在努力谋划和寻求建构网络空间命运共同体的"中国方案"。在网络空间命运共同体的构建中，网络文化无疑是其中的重要组成部分，网络文化作为传统文化在网络上的延伸，为文化的现代化建设提供新的平台和增长点。因此，加强网络空间的文化建设是推动全球文化一体化的重要手段和新的途径。中国自古以来就是文明大国、文化大国，中国传统文化源远流长、博大精深，历史上中国文化的对外传播，曾经给世界带去东方人的智慧和思想，为世界文化的繁荣和发展做出了杰出的贡献。网络时代，中国的网络文化蓬勃发展并且具有中国特色，借助网络无远弗届、跨越时空的特点和优势，在全球一体化、文化多样化、价值多元化的今天，中国网络文化作为世界网络文化的一元，既需要与世界其他文化之间开展交流和互动，又可以向世界展示和传播中国特色网络文化，进而推动人类社会的文明与进步。

在向世界传播中国特色网络文化时，需要处理和协调好以下几个层面的问题。

一是中国网络文化的对外传播不是所谓的"文化侵略"，而是一种文化间的交流与对话。中国文化从来就不是霸权文化，不具有霸权性质，中国网络文化的对外传播不是对其他文化进行渗透和排斥，更不是以消灭其他文化为目的。尊重不同文化的差异性、相互欣赏、求同存异是中国网络文化对外传播的立足点和出发点。

二是中国网络文化的特色不可缺失，个性不可泯灭。多样化的文化为丰富世界文化宝库发挥积极的建设性作用，不同文化之间的交流不能以文化传承的断裂和文化个性的消弭为代价。网络只是个共建、共治、共享的平台，网络文化的特色与个性的传承是世界文化得以繁荣和发展的基本保障。

三是中国网络文化与世界网络文化实现一体化发展。人类只有秉持"民族的就是世界的"文化理念，发扬"各美其美，美美与共"的文化价值观，中西方网络文化之间的交流、互动与发展机制才能得以真正建立，中国先进的网络文化才能为世界网络文化树立起真正的样板，进而促进中国网络文化与世界网络文化殊途同归，真正迈向一体化的发展道路。

第三节

工业信息安全成为网络空间安全的组成部分

作为网络空间安全的重要组成部分，工业信息安全是指工业运行过程中的信息安全，涉及工业领域各个环节，直接关系到经济发展、社会稳定和国家安全，具体包括工业控制系统安全、工业互联网安全、工业大数据安全、工业云安全、工业电子商务安全和关键信息基础设施安全等领域。随着工业信息化和智能化的不断发展，工业信息安全领域正在发生巨大的变革。

从全球来看，全球工业信息安全事件高发，定向攻击、勒索病毒、APT等威胁加剧且以能源领域为重要目标。

2019 年 3 月 7 日，委内瑞拉电力系统连续遭到恶意攻击破坏，导致国内发生长时间、大规模停电事故，包括委内瑞拉首都加拉加斯在内的 23 个州中约有 22 个州都出现了电力供应中断，近 3000 万人直接受到影响，造成社会恐慌和政权动荡，引发全球范围内的广泛关注。尽管此次停电事件截至目前仍未定性为网络攻击，但近年来频发的工业控制系统信息安全事件表明，网络攻击已经对关键信息基础设施领域造成直接的影响。工业自动化和信息化系统是工业设备的核心组成部分，是电力系统、钢铁石化、轨道交通、先进制造、国防军工、市政水务及核设施等重点领域关键信息基础设施的神经中枢。工业信息安全作为网络空间安全的重要组成部分，事关工业生产运行、国家经济安全和人民生命财产安全，是国家安全的重要领域，受到当今世界主要工业化国家的高度关注。

工业领域的网络攻击呈高发态势。从区域角度分析，卡巴斯基 ICS-CERT 监测数据显示，全球范围内每月约有 20% 的工业计算机遭到网络攻击，其中，非洲、亚洲等欠发达地区的工控系统遭受攻击的比例远高于欧洲、北美和澳大利亚等相对发达的地区。我国多次位列全球工控系统遭受攻击比例最高国家和地区的前 10 名，工业信息安全问题依旧严峻。

2019 年 7 月，委内瑞拉古里水电站再次遭受电磁攻击，导致委内瑞拉首都及 10 余个州发生大规模停电，供水和通信网络也因此受到极大影响。2019

年 3 月美国电网遭受分布式拒绝服务攻击，造成电力设施的电气系统运营中断，影响到加利福尼亚州、犹他州和怀俄明州的电力供应。2019 年 8 月，美国国家电网基础设施中又发现正在传播 Adwind 恶意软件的网络钓鱼活动。英国核电公司 2019 年 3 月发布内部通告称核发电厂的某项重要业务受到网络攻击，并向英国国家网络安全中心（NCSC）申请援助，以彻底消除外部安全威胁。印度核电公司 2019 年 10 月末证实了公司下属的库丹库拉姆核电站遭 Dtrack 恶意软件攻击，设备的键盘记录、运行进程的列表等被窃取。

网络空间风险和博弈越发复杂多变，部分国家采取了极端举措以防范安全风险。俄罗斯总统在 2020 年 5 月签署《俄罗斯独立主权互联网法案》，计划建设独立的国家域名解析（DNS）系统和 RuNet 独立互联网，旨在 2020 年控制全国 90% 以上的网络流量。2020 年 11 月，该法案正式实施，并于 12 月顺利开展首次国家级断网演习。这一看似极端的断网防御举措，实际上是源于对美国在网络空间绝对控制权的持续担忧，基于保障本国网络空间安全的长期战略考虑。从实际情况来看，国家间网络对抗也真实发生过。2019 年 6 月，《纽约时报》披露美国正加大对俄罗斯电力控制系统的渗透，向俄罗斯电力控制系统植入病毒，而且 2012 年美国就声称在俄罗斯电力控制系统中植入了侦查探测器。美国在 2019 年 6 月还停止了对伊朗的传统军事打击行动，转而对伊朗部分目标发动网络攻击，据称使伊朗火箭和导弹发射控制系统瘫痪。两起网络攻击事件均以重要工业系统和产品设备为目标，这标志着网络空间博弈进入更加激烈的新阶段。

城市基础设施一旦遭受攻击，必然会对人民日常生活造成直接影响，甚至会引起社会恐慌，尤其是在电力、能源、供水等领域，极易引发灾难性后果。因此，只有提升工业信息安全能力，改善工业信息安全环境，才能支撑国家网络空间安全的强国建设。

第三章　工业信息安全

03

任何事物的发展都有两面性。信息技术在为人类带来前所未有飞速发展的同时，也成为人类社会工业产业基础的梦魇，这是无论发达国家还是发展中国家都无法回避的问题。电网系统、能源系统、水利设施、核电设施等不断经历着攻击、瘫痪、查漏、防御这样的循环往复，工业信息安全已经从角落走到了聚光灯下。

第一节

工业信息安全概述

一、工业信息安全的定义

随着两化融合走向深入，工业企业推进数字化转型升级。数字化、网络化、智能化的生产方式成为发展趋势，大量工业系统和生产设备被暴露在互联网上，关系国计民生的重要工业领域成为黑客攻击的主要目标，针对能源、交通、制造业等重要领域的网络攻击事件频发。工业信息安全的重要性日益凸显，成为制造强国和网络强国建设的重要支撑与保障国家网络安全的重要基础。

工业信息安全的本质是确保完成工业生产任务的流程不被篡改或破坏，实现正常的生产过程、完成既定的生产目标，且生产执行过程的要素流动不被监控或盗取。工业信息安全防护的目标是工业企业生产所需的通信网络和互联网服务不中断，工业生产设备、控制系统、信息系统可靠正常运行，贯穿其中的数据不因偶然的或者恶意的原因遭受破坏、更改、泄露，工业生产和业务的连续性得到保障。

信息技术在工业生产领域的广泛普及和渗透，带动工业信息安全需求的不断提升，工业信息安全的内涵和外延也在发展中不断延伸。依照工业信息系统的基本架构，工业信息安全包括属于生产区工业控制安全范畴的现场设备层安全、现场控制层安全、过程监控层安全、生产管理层安全，以及属于管理区企业管理安全范畴的管理信息安全和企业网络层安全。随着工业互联网的兴起，工业企业上云数量增多，云端安全（平台安全）也成为工业信息安全的重要组成部分，而工业数据安全则贯穿从工业设计、研发、生产到产品流通的全生命周期。

工业企业传统的信息系统中，生产区和管理区独立组网，生产区涉及的现场设备、控制设备、监控设备和生产管理层使用的生产控制网络与企业办公网络（或互联网）相对隔离，跨越隔离区的信息数据传递有较为固定的传输规则和策略，设备控制参数、关键生产数据等的上传下达仅在控制网中单向流动，企业面临的信息安全问题集中在工业控制安全。工业互联网实现了设备互联互通、数据海量汇聚，在一定程度上模糊了原有工业信息系统的各层边界，增加了数据信息跨层传递的渠道，特别是部署在现场设备层（或生产区其他层）的边缘采集设备可直接将生产区信息传递到云端平台，甚至通过一定策略接收和执行对现场设备的控制指令。工业企业应用工业互联网，打破了工业控制网络的隔离边界，使工业控制安全、工业数据安全问题凸显，也衍生出平台安全（云端安全）问题。

工业信息安全是近年来新兴的一个概念。国内最早包含工业信息安全一词的官方文件是《国务院关于深化制造业与互联网融合发展的指导意见》（国发〔2016〕28号），该文件的七项重点任务之一就是"提高工业信息系统安全水平"，明确规定要"制定完善工业信息安全管理等政策法规，健全工业信息安全标准体系……提升工业信息安全监测、评估、验证和应急处置等能力"。

从直观理解，一切涉及工业领域的信息安全都属于工业信息安全范畴，其内涵十分丰富。从重要性来看，工业信息安全是网络安全的重要组成部分，是国家总体安全观在工业领域的重点体现，事关经济发展、社会稳定和国家安全，做好工业信息安全工作是关系国计民生和国家长治久安的大事。从保障内容来看，工业信息安全泛指各工业相关领域的信息安全，包括工业控制系统安全、工业互联网安全、工业互联网平台安全、工业物联网安全、工业数据安全、工业云安全等，相关概念之间的关系如图 3-1 所示。其中，工业互联网安全属于工业信息安全的子集，因为工业互联网的两大属性是"工业"和"互联"，而实际工业生产经营过程中，还存在未连入工业互联网的工业系统和设备，其信息安全也属于工业信息安全范畴。工业互联网包括工业云、工业数据、工业控制系统、工业物联网及其他新兴的工业互联网形态。工业云是工业互联网平台及工业物联网的基础技术。工业互联网平台除工业云外，还包括边缘层、工业应用及平台上的工业数据，并且与工业物联网也有交叉关系。工业控制系统的硬件构件与物联网之间存在交叉关系。由此，各相关对象之间的安全关系也相互对应。综上所述，与传统计算机网络安全相比，工业信息安全在保障对象、安全需求等方面有其特殊性。例如，工业信息安全的主要目的是确保工业（产业）发展的安全，其保护需求往往融合考虑了信息安全、功能安全和生产安全

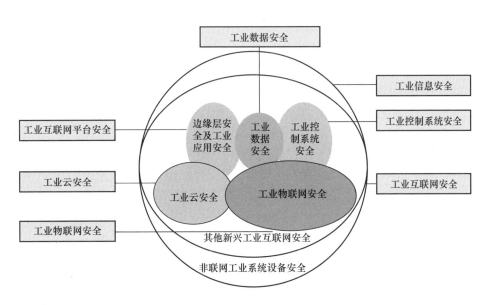

图 3-1 工业信息安全分类

等多种安全需求，更侧重于维护生产或运行过程的可靠稳定。工业属性带来的保护场景多样、安全措施通用性较差等给工业信息安全带来了挑战，传统的网络安全保障体系已难以做到全面有效防护，亟待建立更专业的工业信息安全保障体系。

案例：美国天然气管道遭受攻击

2020 年，美国一家天然气管道运营商遭遇勒索软件攻击。该勒索软件成功加密了运营商 IT 和 OT 系统中的数据，导致相应的天然气压缩设备关闭。

美国网络安全和基础设施安全局（CISA）公告了此次攻击的过程，如图 3-2 所示。首先攻击者发送了附有恶意链接的鱼叉式网络钓鱼邮件，借此成功访问目标设备的 IT 网络；随后 OT 网络也未能幸免，攻击者在 IT 和 OT 网络中都置入了商用勒索软件，加密了两个网络中的数据。

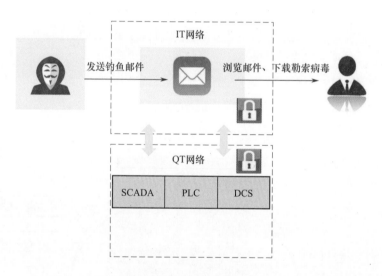

图 3-2　天然气管道运营商遭遇勒索软件攻击示意图

因为勒索软件只能针对基于 Windows 的系统，可编程逻辑控制器（PLC）并没有受到影响，该控制器直接与工厂设备联系，实现交互。但其他相关工业流程如人机界面、数据记录器和轮询服务器都受到了影响，操作员也因此无法读取和整合底层 OT 设备的实时操作数据。事发后，操作员决定关闭设备以防后续事件发生。虽然攻击只针对一个控制设备，但由于各地压缩设备依赖管道传输，所以整个管道设备暂停。关闭约两日后，运营恢复。

整个事件中，攻击者始终没能控制或操作设备。而美国网络安全和基础设施安全局（CISA）也并未公布此次勒索软件的名称，不知是否和此前发现的EKANS病毒有关。

此次攻击能够得逞还源于相关方对网络安全的不重视。根据美国网络安全和基础设施安全局（CISA）发布的对此次事件的调查结果，一方面，相关方未能有效地隔离IT网络和OT网络，致使攻击者有机可乘，最后造成重大损失；另一个方面，运营商表示，虽然已经考虑到了一系列紧急情况，但由于在网络安全知识上的空白，未能很好地将网络攻击列入紧急事件中，平时的应急演练也缺乏网络攻击相关的训练，致使操作员在遇到网络攻击时无法迅速决策。

二、工业信息安全的特点

（一）工业信息安全特征

工业信息安全属于工业和信息化融合领域的安全问题，具备如下特征。

1. 安全目标特殊

工业领域的控制系统和信息系统大多具有实时、动态、长周期、物理融合交互等特性，决定了其信息安全动态风险管理必须满足系统全生命周期的管理和控制需求。与传统IT系统不同，工控系统是具有较长生命周期的生产运行系统，系统组件一般能够运行15～20年，对其可靠性和可用性要求很高。工业信息化系统涉及角色主体多，网络拓扑结构复杂，部署运维实施难度较高，软件的更新和数据库的升级必须经过严格的测试。因此，工业信息安全不仅要保障IT领域重点关注的数据安全、内容安全，更重要的是要保障工业生产的物理安全、信息系统运行安全及人员财产安全。

2. 风险来源多

一是工业领域部署、接入了海量工业设备、系统和软件，且普遍存在安全漏洞，在线运行后补丁修复困难；二是工业领域使用的工控系统协议多达千余种，大多缺少安全机制，不适应工业互联网环境下的泛在互联；三是工业领域用户角色众多、关联紧密，跨领域、跨系统的信息交互、协同操作频繁，存在新的安全风险。

3. 隐患发现难

一是工业领域设备、系统底数不清，国产化率低，难以全面掌握安全风险；二是工业领域网络结构复杂，存在企业控制网、管理网、公共互联网"三张网"，难以精准定位风险点；三是工业行业特征明显、专业性强、业务流程复杂、设备系统差异性大，发现隐患需要行业知识积累。

4. 传统防护手段不适用

一是工控系统及信息化系统对承载业务的连续性、实时性要求高，有限的通信和计算资源难以满足现有安全防护措施需求；二是工业数据流动方向和路径复杂，数据种类和保护需求多样，数据防护难度大；三是业务、网络边界模糊，鉴权认证、安全隔离等防护措施难以实施。

5. 安全后果严重

一是工业信息安全涉及大量重点工业行业生产设备和系统，这些生产设备和系统一旦遭到攻击，可造成物理设备损坏、生产停滞，带来经济损失，甚至可能引起人员伤亡；二是工业数据涉及工业生产、设计、工艺、经营管理等敏感信息，保护不当将损害企业核心利益、影响行业发展，重要工业数据出境还将导致国家利益受损。

（二）与传统网络安全的异同

工业信息安全泛指工业运行过程中的信息安全，对工业生产涉及的生产信息系统等进行防护。从典型安全事件来看，工业信息安全威胁往往针对一个或几个具有脆弱性的生产系统进行渗透和攻击，进而危害整个工业信息系统，造成设备故障、系统瘫痪和生产停滞。

信息通信技术的发展促进网络安全技术不断进步，但系统复杂度提高、系统漏洞逐渐叠加，使得攻击和入侵成本不断降低，而系统防护成本却越来越高。与构成计算机网络、互联网的传统信息系统相比，工业信息系统在保障对象、性能要求、安全需求、技术支持、安全问题影响范围等方面有其特殊性（见表3-1），其防护复杂性和防护成本也更高。

工业信息系统的实时性和可用性要求较高，工业通信时延需要控制在较低水平，以使生产系统能够7×24小时不间断有序运行。工业设备和系统通常

表3-1　工业信息系统与传统信息系统的区别和防护特点

	传统信息系统	工业信息系统	工业系统安全防护特点
性能要求	实时性要求较低； 可承受高延时抖动	实时通信、实时响应； 延时和抖动都限定在一定范围	优先保障生产或运行过程的稳定性，其次是数据保密性和完整性
处理能力	高吞吐量	可承受适度的吞吐量	难以使用安全可靠性高但计算资源消耗大的复杂加密算法、防护软件等安全产品
防护对象	主要保护计算机、网络设施等； 各设备按照统一标准制造，使用标准化零部件	既包含服务器、计算机等信息基础设施，又包含生产设备、控制系统等工业系统； 设备种类多、差异大、通用性低；即使同一型号的设备，在不同行业、不同场景，也有不同的配置方式和不同的零部件	管理区（管理信息层、企业网络层）与传统信息系统类似，生产区独立组网，差异性明显； 需要针对不同设备系统采取专用防护措施； 适用于工业领域的信息安全防护和保障体系
通信协议	TCP/IP等通用通信协议，如IP、TCP、UDP、FTP等	供应商之间不通用，各自有专用通信协议和私有协议，如Modbus、OPC、Ethernet/IP等	
组件生命周期	技术迭代速度快，通常是3～5年	通常是15～20年，甚至时间更长	
可用性要求	可承受重新启动系统等反应； 通常可忍受可用性缺陷	高可用性，需要冗余系统7×24小时连续工作； 若有中断必须提前进行规划并制定严格的时间表	
系统操作	适用架构较为完备的通用操作系统； 利用自动部署工具可较为简单地进行升级等系统操作	专用的操作系统，安全方面能力较强； 修改或升级需要不同程度的专业知识	用于漏洞修复的系统补丁须经过全面测试，无法高频次停机进行安全漏洞修复，需要特定设备供应商、系统集成商进行安全维护
技术支持	允许多样化的服务	仅供应商支持	
资源限制	支持使用第三方应用程序，包括安全解决方案等	资源受限，多数不允许使用第三方信息安全解决方案	
系统变更管理	通常可以自动进行软件更新，包括及时进行安全补丁变更等	工业网络、设备配置等的变更需要非常谨慎，变更前必须进行彻底、全面的测试，增量部署须提前数天制定详细规划和时间表，并将"再确定"作为更新过程的一部分	
安全风险监管	对互联网等公共网络进行监管； 解析网络出入口流量来感知风险，并提出针对性防护措施	监管重点是工业网络，大多数是分散的、隔离的、独立的网络和系统； 从工业现场设备层、网络层、管理层等部署多层防护体系，覆盖设备、网络、数据等多方面	现场检查需要建立专业的检查工作机制和人才队伍； 以监测数据实现综合态势感知和预警

依照生产需求和工艺要求进行定制配置，设备系统组合种类多、技术手段差异大、通信协议通用性低，即使是同一型号的设备，根据行业或场景不同也有不同的配置方式和零部件。这些设备和系统的设计重点在于完成生产过程所需的动作，对数据处理能力和安全防护能力的设计不足。工业信息系统变更（或升级）需要提前制定详细计划，并由设备制造商、系统集成商等供应体系的专业人员进行操作，系统变更使用的补丁也需要提前进行全面测试，以确保系统变更不影响正常的生产流程，并尽量减少产能损失。

工业设备和系统的这些特性导致其防护方式有所不同。工业信息安全优先保障工业生产过程的稳定性，保证生产过程的实时控制；其次才考虑传统网络安全优先保障的数据保密性和完整性。工业信息安全无法使用安全可靠性高，但计算资源消耗大的商用计算机设备、加密算法、通用防护软件等安全产品，需要针对不同设备系统采取专用防护措施。工业生产使用的多数设备和系统无法使用第三方厂商的服务或置入第三方厂商的信息安全解决方案，设备和系统出现问题时，需要由特定设备提供商、系统集成商进行处理。

三、工业信息安全的意义

工业信息安全是网络强国战略的重要组成部分，是保障总体国家安全的重要内容，是实施制造强国战略和推进"互联网＋"行动计划的基础条件。习近平总书记在中央网络安全和信息化领导小组第一次会议上强调，"以安全保发展，以发展促安全。网络安全和信息化是一体之两翼、驱动之双轮，必须统一谋划、统一部署、统一推进、统一实施。做好网络安全和信息化工作，要处理好安全和发展的关系，做到协调一致、齐头并进，以安全保发展、以发展促安全，努力建久安之势、成长治之业"。

2016 年 4 月 19 日，习近平总书记在网络安全和信息化工作座谈会上再次强调，"网络安全和信息化是相辅相成的。安全是发展的前提，发展是安全的保障，安全和发展要同步推进。"习近平总书记从战略高度充分阐述了安全与发展的辩证关系，为做好工业信息安全工作指明了方向。习近平总书记强调，没有网络安全就没有国家安全，就没有经济、社会稳定运行，广大人民群众的利益也难以得到保障。要树立正确的网络安全观，加强信息基础设施网络安全防护，加强网络安全信息统筹机制、手段、平台建设，加强网络安全事件应急指挥能力建设，积极发展网络安全产业，做到关口前移，防患于未然。要落实关键信息基础设施防护责任，行业、企业作为关键信息基础设施运营者承担主体防护责任，主管部门履行好监管责任。要依法严厉打击网络黑客、电信网络诈骗、侵犯公民个人隐私等违法犯罪行为，切断网络犯罪利益链条，持续形成高压态势，维护人民群众合法权益。要深入开展网络安全知识技能宣传普及，提高广大人民群众网络安全意识和防护技能。

（一）实现制造强国的支撑

工业信息安全的保障能力和水平是制造强国战略顺利实施的基础条件，是新一轮制造业科技革命和产业变革的根本支撑，应该以加快新一代信息技术与制造业深度融合为主线，推进智能制造为主攻方向，推动我国从制造大国向制造强国转变。应该加强智能制造工控系统网络安全保障能力建设，健全综合保障体系，并加强安全产品、技术、标准的研发，实施一批安全工程。这标志着安全能力建设已成为制造强国建设的重要内容。保障工控系统的安全可靠是实现工业智能化发展的关键环节，自主可控的设备产品、技术和服务是保障重点行业工控安全的根本。当前，我国关键设备和基础软件绝大多数采用国外产品，安全基础不牢，核心技术产品受制于人，安全风险不容忽视。只有牢牢抓住工业信息安全的主动权、控制权，推动实现重要工业控制设备、系统和平台的安全可控，才能缔造真正意义上的制造强国。

（二）建设网络强国的要求

我国已经发展成为网络大国，正在为实现网络强国的战略目标而不懈努力。工业企业是国民经济的主体，事关经济的健康发展和社会的稳定，是立国之本、兴国之器、强国之基。工业领域的信息安全是工业经济发展的安全屏障，是网络安全的重要组成部分，也是建设网络强国题中应有之义。

当前，我国工业与信息化的关联度越来越高，工业信息化水平大幅提升，工业信息安全成为网络强国建设不可回避的重要内容和新的课题。近年来，国内外工业信息安全形势十分严峻，来自外部的网络攻击越发严重，攻击范围更加广泛，影响程度更加严重。城市基础设施越来越依赖网络和计算机控制系统，其遭受网络攻击的风险也在加剧。城市基础设施一旦遭受攻击，必然会对人民日常生活造成直接影响，甚至会引起社会恐慌，尤其是在电力、能源、供水等领域，极易引发灾难性后果。因此，大力提升工业信息安全能力，改善工业信息安全环境，是支撑网络强国建设稳步推进的必然要求。

（三）助力两化融合发展

工业化和信息化的融合发展是新时期我国促进工业由大变强，支持国民经济顺利转型升级、提质增效的关键举措，是保障互联网与制造业融合创新的重要途径，是我国工业化与信息化发展面临的重要发展机遇。在推动两化深度融合发展过程中，工业信息安全具有重要意义，提升工业信息安全保障能力显得尤为重要。

第二节

工业信息安全的组成

一、技术研发

（一）漏洞检测和漏洞挖掘技术

漏洞是指系统中存在的一些功能性或安全性的逻辑缺陷，是系统在硬件、软件、协议的具体实现或系统安全策略上存在的缺陷和不足。

工业控制系统存在大量的安全漏洞与隐患，针对工业控制系统发起的各类攻击，往往就是利用各类工业控制系统软硬件中存在的安全漏洞来实现的。国内外知名漏洞库近几年来共发现了近千种工业控制系统漏洞，而且大部分是中高危漏洞。攻击者可利用这些漏洞获得某些系统权限，对系统执行非法操作，从而导致安全事件的发生，造成财产损失。因此，应当大力加强针对工业控制系统漏洞的研究工作，及时发现系统中存在的安全漏洞并尽早修补。工业控制系统的漏洞技术包括工业控制系统漏洞检测技术和漏洞挖掘技术。

1. 工业控制系统漏洞检测技术

工业控制系统漏洞检测技术是一种主动防御方式，利用扫描等手段，发现工业控制系统存在的安全漏洞。

工业控制系统漏洞检测往往采用安全扫描技术。进行漏洞扫描的前提是收集漏洞并建立工业控制系统漏洞数据库，涵盖主流工业控制设备的具体信息和漏洞平台公布的安全漏洞信息。漏洞扫描可以分为三步。第一步，网络探测。网络探测负责捕获和解析数据包，得到工业控制交换机的站名、地址及系统的地址等基本信息。第二步，系统探测。系统探测负责获取工业控制系统中的工业控制设备以及其类型、名称、制造商标识、设备标识、MAC 地址等具体信息。第三步，信息比对。信息比对是把探测到的相关信息与数据库存储的内容进行匹配，判断被检测的工业控制设备是否存在已知漏洞。

2. 工业控制系统漏洞挖掘技术

工业控制系统漏洞挖掘技术以检测未知的安全漏洞为主要目的，主要包括手工测试（Manual Testing）技术、模糊测试（Fuzzy Testing）技术、比对和二进制比对（Diff and BinDiff）技术、静态分析（Static Analysis）技术、动态分析（Runtime Analysis）技术等。由于工业控制系统的设备多由专门生产商提供，安全人员对其内部结构了解不充分，多采用模糊测试技术对工业控制系统进行漏洞挖掘。该技术是通过向目标系统提供非预期输入并监视异常结果来实现漏洞挖掘的方法。与传统的漏洞挖掘技术相比，模糊测试技术具有准确性较高、可用性强、对测试目标源码依赖性低等优点。

常见的工业信息安全漏洞按照受影响产品不同可分为：工业生产控制设备漏洞、工业网络通信设备漏洞、工业主机设备和软件漏洞、工业生产信息系统漏洞、物联网智能设备漏洞等。目前，攻击者主要在工业控制系统内部和外部利用漏洞进行攻击，危害工业控制系统的安全。

（二）工业信息安全态势感知技术

态势感知是一种基于环境的动态、整体洞悉安全风险的能力，是以安全大数据为基础，从全局视角提升对安全威胁的发现识别、理解分析、响应处置能力的一种方式，最终是为了决策与行动，是安全能力的落地。态势感知系统具备网络空间安全持续监控能力，能够及时发现各种攻击威胁与异常；具备威胁调查分析及可视化能力，可以对威胁相关的影响范围、攻击路径、目的、手段进行快速判别，从而支撑有效的安全决策和响应；能够建立安全预警机制，完善风险控制、应急响应和整体安全防护的水平。

工业信息安全威胁事件不断出现，较为单一的互联网安全防护技术已经不能满足行业需要，工业互联网态势感知平台聚焦工业互联网络，全面汇集工控网络威胁事件、工控设备及相关数据上的漏洞，从整体上反映工业互联网安全态势，并充分利用大数据手段、人工智能技术对工控网络风险趋势进行预测评估。首先要构建工业协议库、工业漏洞库和工控设备指纹库等，且要不断积累和内部的共享机制，技术上也要精益求精。其次，根据工业用户的管理习惯和场景，建立性能全面的矩阵模组。最后，对工业控制网络全网数据流量进行协议审计，采用网络流量检测技术，有效检测、实时监控、控制网络安全，一旦发现病毒入侵、木马程序即可及时处理。

工业信息安全态势预警可以从体系内部建立态势感知，应用于内部系统的安全运营，发现重要威胁，解决问题，把安全能力落地，通过态势感知对多分支或二级单位进行外部监管，以提升整体的安全状态的掌握，同时与监管机构进行事件应急处置与威胁情报的合作。

态势感知包括网络入侵态势感知、异常流量态势感知、僵木蠕传播态势感知、高级恶意威胁检测、网站安全态势感知、系统漏洞态势感知等。流量接入后首先经过入侵检测和防护系统处理，数据转发到流量分析系统处理后经过底层大数据平台分析，到达态势感知平台；未识别的恶意文件转发到未知威胁检测系统，处理后经过底层大数据平台分析，到达态势感知平台。网站安全检测系统、漏洞扫描系统结果数据经脆弱性分析模块到达态势感知平台，由态势感知平台统一展示。

（三）工业信息安全研发管理

工业信息安全研发管理的主要目标是通过流程控制，消灭产品不可接受的风险，把可容忍的风险降低，把可接受的风险控制在较低的等级。工业信息安全产品的管理流程要求更严密，研发的过程需要进行测试、验证、确认和质量审查等多重把关，需要由专人从安全、质量等角度进行审核；组织机构要求更严格，对于项目中承担确认等职责角色具有独立性要求，对审核人员有资质要求等；研发技术环境要求更加细致，用于产品的研发工具需进行确认管理。通用产品的研发管理流程已经不能满足安全产品的研发需要，企业需要在通用产品研发管理流程的基础上叠加安全产品的特殊管理要求。工业信息安全产品的研发流程与通用产品的"瀑布"开发模式有着较大的差异，更强调危险源/风险的控制、隐患的追踪、文档的可追溯性、需求的确认，以及多层次、多维度的质量审查。工业信息安全产品的开发遵循着"V"模型。"V"模型的左边是从需求到实现的过程，将总体需求逐级分解到最小功能单元，将过程中识别的安全隐患通过技术设计或措施进行消除；右边是测试和确认的过程，从最小功能单元到产品系统进行逐级测试确认，与需求分解实现的每一步相对应；在"V"模型的每个阶段均需进行质量审查、验证审查及安全审核。工业信息安全产品的"V"模型研发流程能识别出产品在生产、使用和维护过程中的安全隐患；通过质量管理、安全管理和技术安全手段控制系统性失效，并将随机失效的风险控制在可接受的范围内。为了避免人员等问题影响工业信息安全产品的研发，公司要从组织层面保障。根据安全产品的研发流程，除研发人员外，在产品的研发过程中，主要涉及的人员包括测试人员、验证人员、确认人员、安全人员和质量人员，其中，确认人员必须独立于产品的开发团队。对于产品研发团队的所有成员，均有技术水平要求，需要掌握相关的标准、方法和工具。通常由专门的部门从事安全产品的测试、验证、确认、安全和质量管理等工作。为了控制产品的系统性失效，在产品开发过程中需要使用在业界成熟运用的开发工具，并对用于产品开发、调试和测试的工具进行确认，以保证满足需求。工业信息安全产品与通用产品研发管理要求基本差异如表 3-2 所示，对应不同的安全完整性等级，对开发过程中使用的设计方法也有明确的要求，通过方法的组合来避免单一的设计方法中存在的缺陷和不足。

表 3-2　工业信息安全产品与通用产品研发管理要求基本差异

项　　目	工业信息安全产品	通用产品
研发流程	有明确的阶段划分，多重测试、审核和验证，流程注重产品安全隐患的消除	无特殊要求，流程注重产品功能实现及质量控制
组织架构	需要专门的验证、确认、安全管理人员，根据安全等级，人员有独立性要求	无特殊要求
技术方法	根据安全等级，有相应的技术方法和工具要求	无特殊要求

　　安全管理的目的是减少在安全产品开发生命周期中与安全相关的人为错误，从而降低安全相关的系统性故障残留风险，同时也把与系统故障相关的剩

余安全风险最小化。现有的研发管理活动是针对通用产品设计的，只包含了保证产品功能实现的管理和设计活动，并未涉及对安全产品研发至关重要的安全计划及实施、安全风险分析、安全需求分析和验证与确认等安全管理活动。安全计划主要是为了实现系统的安全目标，从质量管理、安全管理和功能技术安全三个方面来采取措施避免系统性或者随机性失效的安全问题。安全风险分析是一种在系统研制初期就开始进行的系统性检查、研究和分析技术，预先识别系统可能存在的危险，预计这些风险对人员伤害或对设备损坏的严重性和可能性，并确定消除或减少风险的方法，以便能够在事故发生之前尽量降低事故发生的可能性，或减轻事故危害影响的程度。验证是在生命周期的每一阶段，通过分析和测试活动来判定目前所在阶段的需求是否满足前一阶段的输出，并且当前阶段的输出能否满足它的需求。验证是一种渐进式的过程，贯穿于产品开发过程中，从需求验证开始，经产品的开发到最终完成产品的验证。确认指通过测试和分析证明该产品各个方面均符合特定的要求。验证贯穿安全产品开发生命周期的各个阶段，以便及早纠正偏差，进而保证产品的可靠性和安全性。安全需求分析从功能安全和安全完整度两个方面确定安全需求，避免安全需求遗漏。

针对产品的研发与管理，在研发中心下面应增设安全验证部和流程质量部。安全验证部负责产品系统硬件和软件验证（含测试）、确认与安全方面的工作实施及管理，高安全要求的软件发布之前确认安全方面工作的实施及管理，新产品首件鉴定之前的系统确认测试工作，系统硬件和软件测试、验证、确认和安全相关专业领域标准、工具、方法等的引入、推广和培训，以及可靠性、可用性、可维修性和安全性方面相关标准、工具、方法等的引入、推广和培训。流程质量部负责设计过程质量审核、评审中问题的审核与关闭，以及研发体系的推广和修订，策划并组织实施过程改进，建设和维护知识库，负责设计开发质量控制与产品变更的审核。这样对于整个安全产品生命周期的工作，都有相关部门来进行功能与技术安全验证、确认、质量管理和安全管理了。

二、产品服务

（一）工业信息安全产业结构

在借鉴 Gartner 和 ARC 咨询公司对市场主要产品和服务分类的基础上，

结合我国实际，依据市场主流应用，我们对产业结构进行了梳理。从市场发展来看，针对工业企业用户的信息安全需求，工业信息安全产品主要分为防护和管理两大类，如图 3-3 所示。

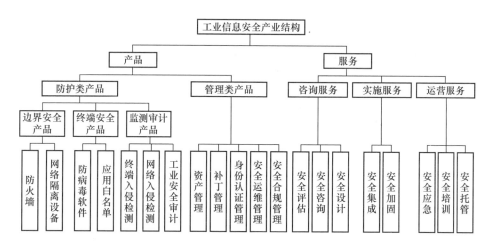

图 3-3　工业信息安全产业结构

资料来源：《中国工业信息安全产业发展白皮书（2020—2021）》

从技术防护角度，工业信息安全防护类产品主要包括边界安全产品、终端安全产品及监测审计产品。其中，边界安全产品以防火墙和网络隔离设备为代表，主要用于保护工业网络边界并提供区域隔离；终端安全产品涵盖了能够在工业信息安全环境下，防护所有终端设备的安全产品，如防病毒软件、应用白名单、端口设备控制等；监测审计产品主要用于监控和评估工业控制系统的完整性，典型产品包括终端入侵检测产品、网络入侵检测产品和工业安全审计产品等。从安全策略和管理流程角度，工业信息安全管理类产品包括资产管理、补丁管理、身份认证管理、安全运维管理和安全合规管理几大类，旨在帮助企业管理和维护工业资产和设备安全态势。由于工业企业用户的安全需求侧重于生产和运行过程的可靠性，因此工业信息安全管理产品结合了传统 IT 网络安全管理产品和解决方案，但其限制了会对工业生产环境造成影响的功能模块。同时，工业信息安全管理产品还将覆盖范围扩展到其他工业资产和控制协议。

工业信息安全服务主要指工业企业购买的第三方安全服务。通过对工业信息安全服务市场发展驱动因素的分析，根据安全服务对象及企业用户项目管理生命周期，安全服务可以分为三大类。第一类是以安全评估、安全咨询、安全设计为代表的咨询服务，该类服务主要依托专家的知识体系和行业经验，并依据国内外标准和行业监管规范，建立工业信息安全管理体系，为用户提供决策依据和优化方案。第二类是以安全集成和安全加固为代表的实施服务，该类服务主要采取适当的管理过程和控制措施，通过产品和解决方案将工业信息安全管理体系落地实施。第三类是以安全应急、安全培训和安全托管为代表的运营服务，旨在为工业企业提供满足其全生命周期安全运营和管理需求的服务。

（二）工业信息安全市场规模

2017 年以来，我国工控安全、工业互联网安全政策标准日益完善，垂直行业工业信息安全建设提速，工业企业安全意识全面增强，工业信息安全保障技术水平显著提升，推动了工业信息安全产业的全面发展。2020 年，我国工业信息安全产业市场规模在疫情背景下逆势上扬至 126.69 亿元，增长率为27.02%，如图 3-4 所示。其中，工业信息安全产品类市场规模达 43.97 亿元，占市场总额的 81.30%，安全服务类市场规模为 10.11 亿元，占比达 18.70%，如图 3-5 所示。根据《中国工业信息安全产业发展白皮书（2020—2021）》，

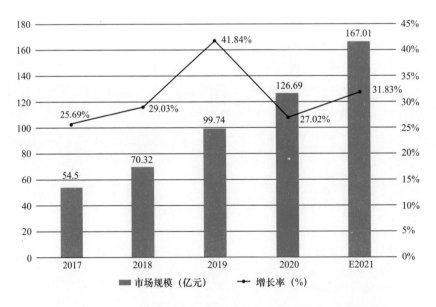

图 3-4   2017—2021 年我国工业信息安全产业市场规模及增长率

2021年我国工业信息安全市场增长率将达到31.83%，市场整体规模将增至167.01亿元。在政策加持、技术创新、需求升级等多因素综合驱动下，我国工业信息安全产业将继续保持高景气度。

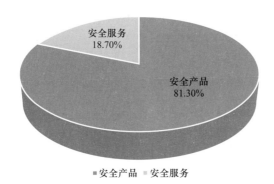

图3-5 2020年我国工业信息安全产业结构

随着工业信息安全技术的逐渐成熟，我国工业信息安全产品和服务已陆续从研究探索走向实践应用。

我国工业信息安全管理类产品主要分布于态势感知、合规管理、安全运维管理等领域，其中，安全评估、安全应急和安全培训服务近年来市场增长较快。

三、检测评估

工业信息系统的检测评估是通过技术核查、测试、评审等方式，达到工业信息安全要求的目的。主要包括：工业信息安全相关产品审查工作；重大项目工业控制系统安全技术核查、测试、评审等工作；工业控制系统及设备安全检测评估、漏洞发现、渗透测试、安全解决方案验证；工业控制系统与产品安全质量检验、检测工作。

2021年对于工业行业来说是充满机遇和挑战的一年，在产业不断推进数字化转型的同时，风险和隐患也在不断暴露和凸显，系统漏洞连续几年呈上升趋势，高危漏洞数量居高不下，工业控制系统安全形势不容乐观。

为统筹国家工业信息安全产业发展、完善组织架构、推进业务落地实施，依据《工业信息安全测试评估机构管理办法（试行）》，国家工业信息安全发展研究中心作为工业信息安全产业发展联盟理事长单位，面向国内各大安全厂商、科研院所等，组织开展工业信息安全测试评估机构能力认定的申报、认定工作，围绕申报机构背景、人员技术实力、业绩项目、质量管理体系等多方面进行审核评估。国家工业信息安全发展研究中心推进了我国工业信息安全产业研究工作，带动了产、学、研、用、政的结合和协调并进，营造了良好的工业信息安全产业发展氛围。

2021 年，在新冠肺炎疫情肆虐的大背景下，我国工业控制系统信息安全的不确定性与不稳定性不断显现，在此基础上开展的检测评估工作，更加清晰和全面地识别了当前工业控制系统信息安全亟待解决的问题。评估中发现，我国工业控制系统信息安全发展水平存在不平衡的问题，这种现象主要受到地域和行业的影响，具体表现为东部城市企业防控能力优于西部城市，能源与公共事业等领域优于烟草、食品等传统领域，尤其是在疫情背景下，交通运输领域的防控能力短板也在逐渐显露。另外，整个行业在核心技术、关键信息基础设施、重点保护目标等方面依旧面临较大的风险，企业在安全管理制度建设与落地、安全设备与策略的维护、系统安全状态监控、人员安全意识培养等方面还存在较大的提升空间。

基于近年来工业控制系统信息安全评估的经验，结合行业的特点和企业的安全现状，我们应加强对工业控制系统的深入安全排查，帮助企业识别防控中的薄弱点与关注要点，以测促改，有针对性地采取防护措施；以测促建，提高对工业控制系统信息安全管理制度的重视程度，尤其在安全责任落实、应急响应机制等方面，使企业在面对工业信息安全风险时能够由被动响应转变为积极防御，实现有效应对，有助于构建一体化的工业信息安全防护体系。

四、应急管理

随着经济社会的发展，特别是工业化、信息化和城镇化的快速推进，灾害、灾难等突发事件的衍生影响超出了传统以部门为主导的应急管理体制的应对能力。2006 年 4 月，我国设置国务院应急管理办公室（国务院总值班室），承担国务院应急管理的日常工作和国务院总值班工作，履行值守应急、信息汇总和综合协调职能，发挥运转枢纽作用。2007 年 11 月 1 日起开始施行的《中华人民共和国突发事件应对法》明确规定，国家建立统一领导、综合协调、分类管理、分级负责、属地管理为主的应急管理体制，并把突发事件主要分为四大类，规定了相应的牵头部门：自然灾害主要由民政部、水利部、地震局等牵头管理；事故灾难由国家安全生产监督管理总局等牵头管理；突发公共卫生事件由国家卫生和计划生育委员会（原卫生部）牵头管理；社会安全事件由公安部牵头负责，由国务院办公厅总协调。各部门、各地方也纷纷设立专门的应急管理机构，完善了应急管理体制，专业应急指挥与协调机构也进一步完善。2018 年 3 月，中华人民共和国应急管理部正式成立，负责组织编制国家应急总体预案和规划，指导各地区各部门应对突发事件，推动应急预案体系建设和预案演练。建立灾情报告系统并统一发布灾情，统筹应急力量建设和物资储备并在救灾时统一调度，组织灾害救助体系建设，指导安全生产类、自然灾害类应急救援，承担国家应对特别重大灾害指挥工作，指导火灾、水旱灾害、地质灾害等防治，负责安全生产综合监督管理和工矿商贸行业安全生产监督管理等。

工业信息安全应急管理主要包括：我国工业信息安全风险监测预警；工业信息安全应急预案制定、演练和灾难恢复等；开展工业信息安全态势感知、数据分析、应急值守、信息上报和通报共享；开展工业互联网和工业信息安全大数据分析，指导行业企业开展重大工业信息安全风险报送及应急响应。

2020 年 10 月 10 日，工业和信息化部、应急管理部印发的《"工业互联网＋安全生产"行动计划（2021—2023 年)》提出，到 2023 年年底，工业互联网与安全生产协同推进发展格局基本形成，工业企业本质安全水平明显增强。一批重点行业工业互联网安全生产监管平台建成运行，"工业互联网＋安全生产"快速感知、实时监测、超前预警、联动处置、系统评估等新型能力体系基本形成，数字化管理、网络化协同、智能化管控水平明显提升，形成较为完善的产业支撑和服务体系，实现更高质量、更有效率、更可持续、更为安全的发展模式。

五、安全管理

工业信息安全问题呈现快速增长趋势，仅仅依靠产品和技术是根本无法解决的。大多数工业信息系统的信息安全事件并不是来自外界的病毒和黑客，而是来自内部的未授权访问，而解决这些问题主要需要依靠管理。自从以

BS7799 为代表的国际信息安全管理标准引入我国，产品、技术和标准——决定信息安全管理水平的三要素全部到位，国内信息安全管理进入了真正意义的信息安全管理阶段。所谓"三分技术，七分管理"，就是为了解决愈来愈多的信息安全问题而提出的。技术只是帮助实现管理的手段，以 ISO 27001 为例，在它的 11 个控制区域中，只有 3 个区域是完全和技术相关的，其他 8 个都是要求如何进行信息安全管理的，例如物理安全、内部管理安全、业务管理等都无法纯粹依靠技术来实现，更多的是要靠管理来实现。"三分技术，七分管理"，要充分认识到信息安全技术无法替代保密管理规章，更无法替代管理监管和控制。在计算机网络信息保密管理中，信息安全技术确实为实现信息安全保密提供了广泛、高效而且快捷的风险管理手段。

安全管理制度包括：设立工业信息安全管理工作的职能部门，设立安全主管人、安全管理各个方面的负责人，定义各负责人的职责；成立指导和管理网络安全工作的委员会或领导小组，其最高领导应由单位主管领导委任或授权；制定文件明确安全管理机构各部门和岗位的职责、分工和技能要求；配备安全管理专职人员（不可兼任）；加强与供应商、安全企业、安全机构的合作与沟通，获取网络安全的最新发展动态。由安全管理部门定期进行全面安全检查，检查内容包括现有安全技术措施的有效性、安全配置与安全策略的一致性、安全管理制度的执行情况等。制定、实施安全检查，汇总安全检查数据，形成安全检查报告，并对安全检查结果进行通报。

在安全管理方面，通过计划、组织、领导、控制等环节来协调人力、物力、财力等资源，促进保障工业信息安全。

在合法依规方面，进行工业信息安全管理时，依照国家的战略方针、各项政策、法律法规、标准规范采取措施。

在组织架构方面，结合工业信息安全防护对象的实际需要和相关规定，制定安全管理组织架构。

在规章制度方面，根据工业信息安全目标，制定安全管理策略、合理且可执行的规章制度，确保人员规范操作，保证安全技术正确实施。

在外设管控方面，对工业信息安全所涉及的硬件设备接口进行严格管控，防止外部设备非法接入。

在人员管理方面，对开发、建设、运行、维护、管理、使用的相关人员进行培训，熟悉安全标准和规范，减少由人员引入的漏洞和缺陷。

在风险评估方面，对潜在的脆弱性和安全威胁进行研判，确定安全风险等级，制定针对性风险处理计划。

在安全运维方面，对工业操作系统和应用进行定期漏洞排查，及时修复已公开漏洞和后门；对平台系统及应用进行安全性监测和审核，阻止可疑行为并及时维护；平台状态发生变更时及时进行安全性分析和测试。

在安全审计方面，对工业信息安全有关的风险进行有效识别、充分记录、存储和分析，对平台安全状态进行持续、动态、实时的审计，向用户提供安全审计的标准和结果。

在监测预警方面，构建工业信息安全情报共享机制，结合其他组织机构已公开的安全信息，实现平台风险研判、安全预警、加固建议等功能。

在应急灾备方面，制定工业信息安全应急预案，对应急相关人员提供应急响应培训，开展应急演练；制定灾备恢复指南，掌握安全事件发生的原因和结果，完成有效的技术处置和恢复，降低工业控制系统不可用造成的影响。

第三节

工业信息安全标准化体系建设

一、我国工业信息安全标准化体系

2019 年 3 月 8 日，工业和信息化部与国家标准化管理委员会联合发布《工业互联网综合标准化体系建设指南》，该指南第三章明确提出工业互联网标准化体系框架，框架对安全标准进行了系统的描述。2019 年 5 月 13 日，《信息安全技术 网络安全等级保护基本要求》（GB/T 22239—2019）、《信息安全技术 网络安全等级保护测评要求》（GB/T 28448—2019）等标准正式发布，"等保

2.0"时代正式来临。相对于"等保 1.0"标准,"等保 2.0"标准扩展了云计算、移动互联、物联网、工业控制及大数据安全等新技术新应用的安全保护要求,保护对象更加全面,内涵更加丰富。其中,"等保 2.0"标准安全框架明确提出了"应针对等级保护对象特点建立安全技术体系和安全管理体系,构建具备相应等级安全保护能力的网络安全综合防御体系"。依据《工业互联网综合标准化体系建设指南》及"等保 2.0"标准的安全框架要求,按照多维考虑、横向分类、纵向分层的总体思想,构建了如图 3-6 所示的工业信息安全标准化体系框架。

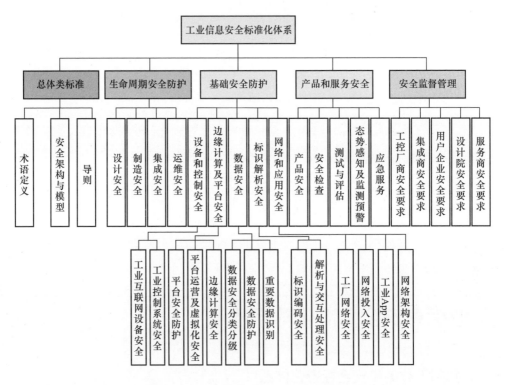

图 3-6   工业信息安全标准化体系框架

其中基础共性标准是指基础性、纲领性、框架性等方面的标准。横向分类是指从多个维度提出工业信息安全标准,包括但不限于以下四个维度。

(1)生命周期安全防护:从设计、制造、集成、运维等工业产品全生命周期的安全需求出发,分别制定标准。

（2）基础安全防护：包括设备和控制安全、边缘计算及平台安全、数据安全、标识解析安全、网络和应用安全等。

（3）产品和服务安全：包括产品安全、安全检查、测试与评估、态势感知及监测预警、应急服务等方面的相关安全标准。

（4）安全监督管理：明确厂商、集成商、用户、服务商、设计院等角色的安全主体责任，方便相关政府部门的安全监督管理。

分类、分层设计的目的是按照工业企业、边缘接入、工业云、工业 App 等竖向层次提出工业领域的安全标准。与"等保 2.0"标准安全框架相比，本框架囊括了全生命周期安全技术和安全管理标准，这与"等保 2.0"标准的要求相一致。同时，本框架还扩展了安全服务标准要求，将安全技术要求从生命周期安全防护和基础安全防护两个角度进行细化。这样更符合工业领域"流程化"生产和管理的情况，从而能够更全面、更清晰地为工业信息安全标准的制定提供参考。

二、工业信息安全监测应急标准化体系

依据工业和信息化部与国家标准化管理委员会联合发布的《工业互联网综合标准化体系建设指南（2019 版）》、《信息安全技术 网络安全等级保护基本要求》（GB/T 22239—2019）、《信息安全技术 网络安全等级保护测评要求》（GB/T 28448—2019）及《工业互联网安全标准体系（2021 版）》等标准，针对工业信息系统监测和应急业务特点，建立工业信息安全监测应急标准化体系。

我们将目前工业信息安全产业中较为关注的"态势感知及监测预警"和"应急服务"这两类安全服务，按照横向分类、纵向分层的方法，分为平台、技术、产品、服务和管理五类，如图 3-7 所示。

（1）"平台"类标准，从漏洞管理和风险监测等角度，制定工业信息安全管理平台产品标准。

（2）"技术"类标准，从目前工业信息安全前沿技术态势感知、勒索病毒等角度，制定工业信息安全标准。

挈领提纲，聚焦工信安全监测应急领域全流程标准
联动合作，构建工信安全监测应急行业体系化生态

平台	技术	产品	服务	管理
				工业信息安全应急管理体系
			工业控制系统信息安全事件应急演练方法	工业信息安全信息报送与通报流程规范
		工业主机安全监测探针产品技术规范	工业数据安全事件应急预案编制指南	工业信息安全威胁情报管理方法
	工业信息安全态势数据采集技术规范	工业控制系统蜜罐产品技术规范	工业数据分类分级与安全防护规范	工业信息安全应急管理工程师培训大纲及考核标准
工业信息安全风险监测平台技术规范	工业信息安全漏洞应急响应技术	工业信息安全应急处置工具箱	工业信息安全应急能力成熟度评估	工业信息安全应急管理工程师专业能力要求
工业信息安全漏洞管理平台技术规范	工业信息安全勒索病毒处置指南	工业企业安全态势感知产品技术规范	工业信息安全漏洞分类分级规范	工业信息安全培训机构基本条件
工业信息安全在线监测平台技术规范	工业信息安全挖矿病毒处置指南	工业信息安全漏洞扫描系统技术规范	生产控制网络安全威胁分类分级规范	工业企业网络安全指数评价指南

（现已立项标准4个，准备立项标准21个）

图 3-7　工业信息安全监测应急标准化体系图（规划）

（3）"产品"类标准：从设计、制造、集成、运维等工业产品全生命周期的安全需求出发，制定工业信息安全监测应急产品标准。

（4）"服务"类标准：从规范第三方工业信息安全服务商角度，提供相关服务流程和方法。

（5）"管理"类标准：明确厂商、集成商、用户、服务商、设计院等角色的安全主体责任，方便相关政府部门的安全监督管理。

2021 年，国家工业信息安全发展研究中心围绕工业信息安全标准体系框架，开展监测应急业务标准制定工作，已经完成《工业控制系统信息安全事件应急演练方法》《工业数据安全事件应急预案编制指南》《工业信息安全漏洞分类分级指南》《工业信息安全应急处置工具箱》四项团体标准立项工作，其主要内容和作用如表 3-3 所示。

表 3-3　2021 年已立项团体标准主要内容和作用

名　　称	主要内容和作用
《工业控制系统信息安全事件应急演练方法》	工业控制系统信息安全事件应急演练是工业信息安全管理体系的重要组成部分，承担防范化解重大安全风险、减少企业损失的重要职责。为进一步落实国家、工信部及地方应急预案的具体要求，规范工业企业工控安全事件报送、通报、预警、应急指挥等处置流程，提高应急事件的组织指挥、协调配合、快速决策和事件处置能力，完善政企协同联动机制

名　　称	主要内容和作用
《工业数据安全事件应急预案编制指南》	工业数据安全事件应急预案是工业信息安全管理体系的重要组成部分，承担防范化解重大安全风险、减少企业损失的重要职责。工业数据安全事件应急预案编制指南能够科学规范工业领域数据安全事件应急处置工作，合理配置工业领域数据安全事件的应急资源，提高应急决策的科学性和及时性，规范工业企业信息安全事件应急管理工作流程和职责，完善政企协同联动机制
《工业信息安全漏洞分类分级指南》	工业信息安全漏洞分类分级是工业信息安全管理体系的重要组成部分，承担防范重大安全风险、减少企业损失的重要职责。工业信息安全漏洞分类分级指南规范漏洞的漏洞分类及危害等级信息，协助工业企业、工业产品提供者有效开展工业信息安全检查评估等工作，提高工业信息安全事件应急处置流程的科学性和及时性，促进我国工业信息安全漏洞管理工作向自动化、高效化发展
《工业信息安全应急处置工具箱》	工业信息安全应急处置是工业信息安全管理体系的重要组成部分，承担防范化解重大安全风险、减少企业损失的重要职责。应急处置工具箱凭借丰富的处置功能、高效的分析能力和便捷的可操作性，已成为工业企业、安全企业开展现场应急处置的必备工具。为进一步规范工业信息安全应急处置工具箱技术指标、指导相关产品研发使用、切实提高工业企业信息安全应急技术保障能力等提供标准支撑

三、构建工业信息安全监测应急标准化体系的意义

研究编制工业信息安全监测应急标准化体系，对工业信息安全事件有着积极的作用，主要如下。

第一，能够科学规范工业领域安全事件应急处置工作。明确了各个部门在监测预警和事件处置中的职责和作用，有利于形成统一、高效、协调的应急处置体制机制。

第二，能够合理配置工业信息安全事件的应急资源。明确了应急技术、装备等应急资源的储备。一旦发生工业信息安全事件，相关单位能够按照预案明确的程序，保证应急资源尽快投入使用。

第三，能够提高应急决策的科学性和及时性。一旦发生工业信息安全事件，能够降低事件影响、快速恢复系统正常运行。为准确研判事件的规模、性质、程度并合理决策提供了科学的思路和方法，有利于提高应急决策的科学性和及时性。

第四节

工业信息安全态势

一、全球工业信息安全面临挑战

新冠肺炎疫情、中美战略博弈加速暴露产业链、供应链安全风险，美国、欧盟等国家和地区在重要工业领域，针对系统设备采购和使用出台限制性管控举措，试图从根源上降低风险。全球工业信息安全事件涉及十余个工业领域，其中，对装备、能源和医疗等行业影响较为严重。

（一）工业系统设备供应链安全举措加速落地

美国进一步强化国防工业、电力能源领域供应链安全管控。2020 年美国在国防工业、电力能源、5G 通信和物联网等重要工业领域，以供应商为重点管控对象，加强能力认证和安全管控。

1. 在国防工业领域

2020 年 1 月，美国国防部发布《网络安全成熟度模型认证（CMMC）1.0版》，要求开展国防工业供应商网络安全能力评价，计划在 2026 年，实现对所有国防工业供应商的强制性第三方网络安全认证。2020 年 5 月，美国国家安全局启动了名为 "SecureDNS" 的试点计划，确保美国国防承包商强化域名系统使用安全，防范恶意软件威胁。

2. 在电力能源领域

2020 年 5 月，美国总统签署《确保美国大容量电力系统安全》行政令，授权美国能源部研制电力设备和供应商认证标准，牵头成立关于能源基础设施采购政策的特别工作组，禁止采购对国家安全造成风险的海外电力设备。

3. 在 5G 通信领域

美欧重视评估和应对 5G 基础设施采购、开发和部署中的供应链安全风险。2020 年，美国、欧盟尤为关注 5G 供应商的安全性。2020 年 1 月，欧盟委员会发布 5G 网络安全 "工具箱"，建议成员国评估 5G 网络供应商风险状况，对高风险供应商实施限制，避免依赖单一供应商。2020 年 3 月，美国白官发布《国家 5G 安全战略》，强调评估和解决全球 5G 基础设施开发和部署过程中的安全风险，要求依据相关政策法规管理美国联邦政府 5G 基础设施部署中的供应链风险，同时应对来自高风险供应商的风险。2020 年 8 月，美国国土安全部网络安全和基础设施安全局（CISA）发布《CISA 5G 战略：确保美国 5G 基础设施安全和韧性》，强调要增强对 5G 供应链风险的态势感知，推广安全措施，培养值得信赖的 5G 供应商。

4. 在物联网领域

多个国家和地区在物联网供应链安全领域，出台实操性举措应对万物互联带来的网络安全风险，主要国家和地区对物联网设备制造商提出安全准则，确保物联网供应链上的设备和技术部署中的安全性。2020 年 8 月，加拿大隐私事务专员办公室发布《物联网设备制造商隐私指南》，强调物联网设备制造商在个人信息保护方面的合规要求。2020 年 9 月，澳大利亚政府发布《行为准则：保障消费者物联网安全》，为物联网设备制造商提供了提升物联网设备安全性的 13 条自愿行为准则。2020 年 11 月，欧盟网络安全局（ENISA）发布《保护物联网准则》，提出了确保物联网供应链安全的准则，为物联网开发全生命周期的安全性提供了指南，指导开发人员、制造商、集成商等利益相关者在物联网供应链各环节进行安全决策。2020 年 12 月，美国总统签署美国第一部国家物联网安全法《物联网网络安全改进法案》，通过为美国政府机构购买的物联网设备设定最低安全标准的方式应对相关网络风险。

（二）装备、能源、医疗等领域受攻击影响严重

国家工业信息安全发展研究中心监测数据显示，2020 年全球有公开报道的工业信息安全事件约 70 件，涉及 8 大领域、16 个细分领域，如图 3-8 所示。装备制造、能源（电力、石油和天然气）等行业成为遭受网络攻击最严重的领域，占比分别达到 27%、21%。交通运输、电子信息制造、消费品制造、水利等行业网络攻击呈现高发态势，事件集中发生在 4—6 月和 12 月，如图 3-9 所示。

医疗行业受疫情影响遭受较多网络攻击。在新冠肺炎疫情背景下，2020 年全球医疗行业网络安全事件数量明显增多，集中发生在全球疫情态势严峻期间，而且针对医疗机构甚至疫苗研发机构的攻击较多。例如，2020 年 4 月 19 日，美国联邦调查局（FBI）确认已有外国政府黑客侵入美国新冠肺炎病毒研

究机构，FBI 称这些国家意在收集有关细节，甚至窃取机密。2020 年 4 月 27 日，北京汇医慧影医疗科技有限公司遭黑客入侵，该公司的新冠肺炎病毒检测技术及数据被黑客公开出售。2020 年 1 月，微软发现三起针对新冠肺炎病毒疫苗研发公司的 APT 攻击事件。2020 年 12 月 9 日，通用电气医疗成像设备被披露存在数据泄露风险，攻击者可使用医疗设备中未更改的硬编码密码，来获取设备上的患者数据，也可破坏设备的正常运行。

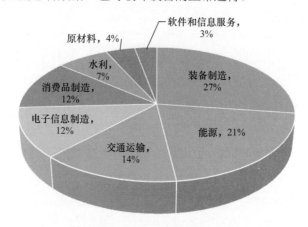

图 3-8　2020 年全球工业信息安全事件涉及领域分布

资料来源：国家工业信息安全发展研究中心整理

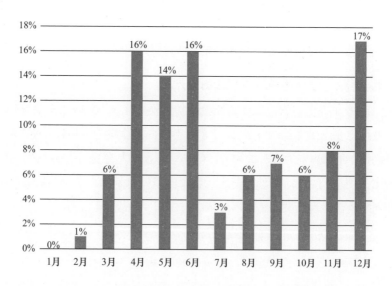

图 3-9　2020 年全球工业信息安全事件发生时间分布

资料来源：国家工业信息安全发展研究中心整理

（三）勒索软件仍为攻击者最青睐的攻击手段

　　一方面，原本还存在老旧漏洞的工业设备加速"上网"；另一方面，勒索软件具有攻击面广、攻击收益高等特点，导致工业领域勒索软件攻击事件频频发生。国家工业信息安全发展研究中心监测数据显示，2020 年勒索软件是众多事件成因（勒索软件、弱密码验证防护、APT 攻击、未授权访问、国家网络攻击、代码注入等）中的最主要原因。2018—2020 年，勒索软件攻击导致的工业信息安全事件占比连续三年增长，连续两年处于全球工业信息安全事件成因首位，远远高于其他攻击手段，2020 年该比例甚至高达 57.10%，如图 3-10 所示。

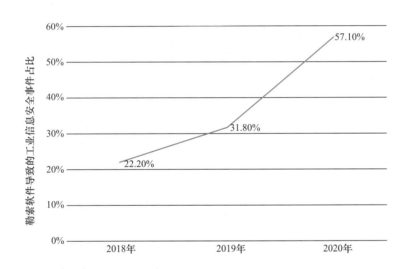

图 3-10　2018—2020 年全球勒索软件导致的工业信息安全事件占比

资料来源：国家工业信息安全发展研究中心整理

（四）数据泄露问题依然严峻

　　国家工业信息安全发展研究中心监测数据显示，2018—2020 年相关安全事件全年占比呈现增长趋势，涉及领域进一步扩大，2020 年占比达 35.60%，涉及领域达到三年来最高水平，如图 3-11 所示。

1. 能源领域

　　2020 年 4 月 10 日，美国能源行业劳动力市场和服务提供商 RigUp 遭遇网络攻击，泄露了 76000 份美国能源行业组织和个人的私人文件。

2. 汽车制造领域

2020 年 4 月 27 日，美国智能停车收费系统制造商 CivicSmart 遭到勒索软件攻击，159GB 数据发生泄露。

3. 交通运输领域

2020 年 6 月 9 日，美国圣安东尼奥航空航天公司遭到网络入侵，导致 1.5TB 敏感数据泄露。

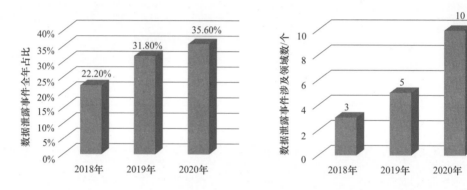

图 3-11　2018—2020 年全球涉及数据泄露的工业信息安全事件发展趋势
资料来源：国家工业信息安全发展研究中心整理

二、我国工业信息安全发展态势

我国工业信息安全管理取得里程碑式成效，《工业控制系统信息安全行动计划（2018—2020 年）》《工业互联发展行动计划（2018—2020 年）》均圆满收官，漏洞报送机制基本健全，分类分级制度加速落地，安全监测平台初步建成，产业发展保持稳步增长，人才培育模式多元化发展，为全面构建工业信息安全良好生态奠定了重要基础。多级联动的安全保障平台和国家级工业信息安全技术保障平台基本建成。

在工业控制系统信息安全方面，根据《工业控制系统信息安全行动计划（2018—2020 年）》，已建成全国在线监测网络、应急资源库、仿真测试平台、信息共享平台、信息通报平台（一网一库三平台），态势感知、安全防护、应急处置能力显著提升。国家级工业信息安全技术机构持续完善，利用主动监测、被动诱捕、威胁情报获取等工控安全在线监测手段，扩展工业控制系统资产识别种类，提高识别精准度和搜索效率。

在工业互联网安全方面，工业互联网安全保障体系加快建设，国家、省、企业三级联动的技术监测能力基本建立，覆盖机械制造、电子信息等14个重点工业领域、150个重点工业互联网平台，应对工业互联网威胁的监测预警、信息共享、通报处置闭环工作机制初步建立，产业生态、技术攻关、服务供给等市场化要素加码推进。

工业互联网创新发展工程和试点示范成效显著。近年来，工业互联网创新发展工程（安全方向）累计支持网络安全产业链协同创新、公共服务平台建设等200多个项目，投入财政资金约60亿元，带动社会投资近200亿元，边界防护、态势感知、安全审计、动态防御等一批核心技术加快突破。2020年4月，工业和信息化部对2020年工业互联网创新发展工程项目进行公开招标，包含省级工业互联网安全态势感知平台、工业互联网数据可信交换共享服务平台等一批工业互联网安全项目。2020年11月，工业和信息化部办公厅公布了177个网络安全技术应用试点示范项目，其中，新型信息基础设施安全类中包含工业互联网安全、车联网安全、物联网安全等项目。

第五节

工业信息安全成为"一带一路"切入点

党的十九大报告要求"积极促进'一带一路'国际合作，努力实现政策沟通、设施联通、贸易畅通、资金融通、民心相通"。随着"一带一路"倡议的深入推进，我国重大装备、智能化工厂"走出去"成效显著，也成为网络攻击的新目标，面临着巨大的安全隐患；同时，"一带一路"沿线国家工业化程度不高，在工业发展的同时，将产生巨大的安全需求，为我国工业信息安全企业、产品、技术、标准"走出去"带来重大机遇。为此，我国要在大力发展工业信息安全产业的基础上，积极通过合作、援助、服务等形式，加速推动"一带一路"工业信息安全产业"走出去"。

我国"走出去"的重大装备、智能化工业设施亟需强化安全防护，配套工业信息安全产品和服务，"一带一路"建设为我国工业信息安全产业带来了新的发展机遇。高铁、核电等重大装备，以及智能工厂、自动化生产车间"走出去"成效显著，成为我国制造业的重要品牌，但随着"走出去"越来越多，安全隐患随之加大。高铁是我国高端制造业"走出去"的重要标签，在"一带一路"沿线国家中签订实施俄罗斯莫斯科——喀山高铁、印度尼西亚雅万高铁、中国——泰国高铁、中国——马来西亚"超级铁路"等诸多项目。相对于传统基建项目，高铁科技含量更高，控制要求更精确，大大增加工业信息安全隐患。核电也是我国工业"走出去"的重要领域，与巴基斯坦、土耳其、罗马尼亚等"一带一路"沿线国家都有合作。目前，核电站已成为网络攻击的重要目标。同时，在"一带一路"倡议指引下，我国企业已在"一带一路"沿线 20 个国家建有 56 个经贸合作产业园区，其中不乏智能化生产基地，如海尔在俄罗斯建设的冰箱工厂等，同样面临着工业信息安全风险。如果我国在"一带一路"沿线国家输出的关键基础设施、智能工业设施出现信息安全问题，造成的影响不仅仅是经济社会的直接损失，双边关系、国际形象都会受到影响，甚至会影响"一带一路"倡议的整体推进，因此，海外"中国造"的工业信息安全保护力度亟待加强，急需配套相关产品和服务。

我国工业信息安全产业实力与"一带一路"市场更加匹配。目前，我国工业信息安全市场主要集中在信息监控、资产管理、安全统计等功能的安全管理类产品，防护类、服务类占比较低，特别是在芯片、核心软件等关键领域，我国仍处于"跟跑"阶段。"一带一路"沿线国家自身工业信息安全产业实力相对较弱，企业实力不强。据美国发布的《网络安全创新 500 强》企业榜单中，"一带一路"沿线国家中的上榜企业仅有 32 家（其中以色列占比达 75%），约占全部比例的 6%，涉及工业信息安全领域的更少。我国工业信息安全产品可以很好地满足"一带一路"沿线国家需求，并且随着逐步"走出去"，将进一步促进行业企业提升自身创新能力，强化产业核心实力。

第四章 工业互联网安全

04

谈到数字时代，就不得不说工业互联网。工业互联网已经成为新一轮科技革命与产业变革的核心驱动力之一。一方面，工业互联网使传统工业得到换代升级，劳动力得到解放，生产力得到提高；另一方面，工业互联网也使工业安全面临严峻的威胁。一旦工业互联网的某些漏洞被黑客发现而入侵，后果将不堪设想。

第一节

工业互联网

一、工业互联网概述

当前以互联网、大数据、人工智能为代表的新一代信息技术发展日新月异，加速向实体经济领域渗透融合，深刻改变了各行业的发展理念、生产工具与生产方式，带来了生产力的又一次飞跃。在新一代信息技术与制造技术深度融合的背景下，在工业数字化、网络化、智能化转型需求的带动下，以泛在互联、全面感知、智能优化、安全稳固为特征的工业互联网应运而生。工业互联网作为全新工业生态、关键基础设施和新型应用模式，通过人、机、物的全面互联，实现全要素、全产业链、全价值链的全面连接，正在全球范围内不断颠覆传统制造模式、生产组织方式和产业形态，推动传统产业加快转型升级、新兴产业加速发展壮大。

工业互联网是实体经济数字化转型的关键支撑。工业互联网通过与工业、能源、交通、农业等实体经济各领域的融合，为实体经济提供了网络连接和计算处理平台等新型通用基础设施支撑；促进了各类资源要素优化和产业链协同，帮助各实体行业创新研发模式、优化生产流程；推动工业制造体系和服务体系再造，带动共享经济、平台经济、大数据分析等以更快速度、在更大范围、更深层次拓展，加速实体经济数字化转型进程。

工业互联网是实现第四次工业革命的重要基石。工业互联网为第四次工业革命提供了具体实现方式和推进抓手，通过对各类数据进行采集、传输、分析并形成智能反馈，正在推动形成全新的生产制造和服务体系，优化资源要素配置效率，充分发挥制造装备、工艺和材料的潜能，提高企业生产效率，创造差异化的产品并提供增值服务，加速推进第四次工业革命。

二、工业互联网内涵

在两化融合的浪潮下，我国也紧跟时代步伐，谋篇布局，推进工业互联网安全建设。我国工业互联网主要是指以平台为依托，纵向贯穿互联网、集团专用网、企业管理网和控制网，基于全面互联实现数据驱动的智能化生产。

工业互联网平台包含工业 IaaS 层、工业 PaaS 层、工业 SaaS 层，是工业生产设备、系统、软件、工业数据、企业需求及生产能力等工业资源聚集共享的载体，是工业全要素连接的枢纽，是实现生产制造资源优化配置的有效途径。

工业互联网的核心是基于全面互联而形成数据驱动的智能，包括网络、平台、安全三大功能体系，其中，网络是基础，平台是核心，安全是前提。网络体系实现网络互联，是数据流动的基础；平台体系为数据汇聚、建模分析、应用开发、资源调度、监测管理等提供支撑，是数据流动的载体；安全体系识别和抵御风险，是数据流动的保障。

（一）网络是基础

在工业互联网中，"网络"是工业系统互联和工业数据传输交换的支撑基础，它将连接对象延伸到工业全系统、全产业链、全价值链。网络体系包括网络互联体系、标识解析体系和应用支撑体系，表现为通过泛在互联的网络基础设施、健全适用的标识解析体系、集中通用的应用支撑体系，实现信息数据在生产系统各单元之间、生产系统与商业系统各主体之间的无缝传递，从而构建新型的机器通信、设备有线与无线连接方式，支撑形成实时感知、协同交互的生产模式。网络涉及工业生产的各个要素，包括人、物品、机器、车间和企业等，贯穿于生产的各个环节，包括设计、研发、生产、管理和服务。工业互联网将工业系统的各种元素连接起来，实现包括生产设备、控制系统、工业物料、工业产品和工业应用在内的泛在互联，形成工业数据跨系统、跨网络、跨平台流通路径。

（二）平台是核心

在工业互联网中，"平台"是工业智能化发展的核心载体，是面向制造业数字化、网络化、智能化需求，构建基于海量数据采集、汇聚、分析的服务体系，是支撑制造资源泛在连接、弹性供给、高效配置的工业云平台。平台体系包括海量数据汇聚与建模分析、制造能力标准化与服务化、工业知识软件化与模块化，以及各类创新应用开发与运行等多个方面，它是生产智能决策、业务模式创新、资源优化配置和产业生态培育的重要支撑。工业互联网通过 PaaS 平台对工业生产、制造、管理、销售等环节的设备、系统、数据、需求等资源的汇聚，对资源部署与生产管理进行动态优化，实现生产制造的高效化、智能化变革。

（三）安全是前提

在工业互联网中，"安全"是网络与数据在工业中应用的安全保障，是工业智能化的安全可信环境。安全体系涵盖了整个工业系统的安全管理体系，避免网络设施和系统软件受到内部和外部的攻击。它增强了设备、网络、控制、应用和数据的安全保障能力，能够识别和抵御安全风险，建设满足工业需求的安全技术和管理体系。工业互联网的信息安全保障应覆盖工业设备、网络、平台及数据等各个层面，涉及工业控制系统安全、工业网络安全、工业云安全和工业大数据安全等内容，是工业企业生产安全的重要组成部分。

三、工业互联网发展趋势

（一）新兴技术给工业互联网带来新挑战

随着人工智能、5G 等新一代信息技术和机器人等高端装备与工业互联网融合应用，设备联网、企业上云都加速了安全风险传导延展，网络攻击面从边界向核心不断扩大，推动工业互联网安全防护工作逐步向动态协同转变，安全风险挑战进一步升级。

（二）工业互联网数据安全成为企业亟待应对的关键问题

工业互联网数据种类和保护需求多种多样，设计、生产、操控等各类数据分布在云平台、用户端、生态端等多种设施上，目前单点、离散的数据保护措施难以有效保护工业互联网数据安全。工业互联网承载着事关企业生产、社会经济乃至国家安全的重要工业数据，一旦被窃取、篡改或泄露，将对国家安全造成严重威胁。

（三）工业互联网安全融合应用解决方案将不断涌现

安全厂商纷纷积极探索 5G、大数据、人工智能、区块链等新兴技术在工业互联网安全解决方案中的应用。例如，某厂商推出 AI 安全免疫系统，通过流量监测、结合机器学习和人工智能算法，为每个设备和用户建立起各自的健康模型，形成新型威胁感知方案。

（四）安全威胁信息通报处置机制将协同推进

随着越来越多的设备联网、企业上云，企业很难进行单独的防御，行业及地方主管部门、工业互联网企业、设备提供商、安全服务商等需要建立协同机制，共同应对来自各领域的安全威胁与挑战。工业互联网安全监测预警、重大网络安全事件报告、威胁信息通报、应急处置等系列机制将进一步完善，逐步形成行业协同、政企联动、动态闭环的主动防御模式。

第二节

工业互联网设备安全

设备安全主要指接入工业互联网的终端设备的安全。在设备安全方面，传统生产设备以机械装备为主，重点关注物理和功能安全。现阶段的生产装备和产品多是集成通用嵌入式操作系统及应用软件，未来设备更多的是智能传感器、工业机器人、智能仪表等智能产品。智能产品数量增长将造成木马病毒在设备之间的传播速度呈指数级增长。因此，要加强设备自身安全，完善终端接入安全认证。

一、设备漏洞威胁

由于设备自身与生俱来的漏洞导致的威胁对于工业企业来说可能非常危险。比较常见的设备漏洞包括固件后门、远程执行漏洞、弱口令账号、溢出漏洞、非法硬件模块等。对应的主要威胁包括后门的利用、弱口令爆破、缓冲区溢出攻击、拒绝服务攻击、无线定位、远控木马等。下面通过实例来进行详细说明。

案例：通用服务造成的工控网络设备威胁

工业系统中最主要的网络设备是各种规格的工业交换机，此外，带有网络模块的控制器和主机也可以被视作网络设备，如 RTU、工作站等。ICS-CERT 在 2017 年 8 月曾发布安全警报，Cisco 的 IOS/IOSXE 软件的 SNMP 服务存在多个高危安全漏洞，攻击者可以在通过 SNMP 服务认证之后直接进行任意代码执行或触发拒绝服务攻击，该漏洞影响了全球制造业、能源、水资源系统等多个行业系统中的关键基础设施，例如，罗克韦尔 Allen-Bradley Stratix 和 Armor Stratix 工业以太网交换机就面临着远程攻击的威胁，受影响的版本包括：

- Allen-Bradley Stratix5400、5410、5700 与 8000 运　行　的 15.2（5）EA.fc4 及早期版本；

- Stratix5900 运行的 15.6（3）M1 及早期版本；

- Stratix8300 运行的 15.2（4）EA 与早期版本；

- Armor Stratix5700 运行的 15.2（5）EA.fc4 及更早版本。

二、访问控制威胁

从基本概念来看，访问控制是指主体（发起者，工业环境中多为操作员、服务、进程等）依据某些控制策略或权限，对客体（多数时候是指需要关注和保护的服务、进程、数据等资源）及其资源进行的不同的授权访问。可以限制访问主体对访问客体的访问权限，从而使系统在合法范围内使用，如图 4-1 所示。

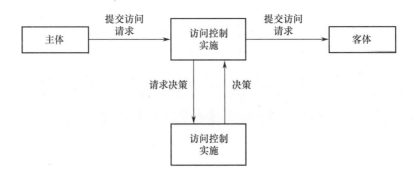

图 4-1　访问控制模型示意

本节所介绍的针对访问控制的威胁，对应的客体为具体的工业设备，包括终端和服务器等设备中的操作系统、数据库系统和中间件等系统软件、网络设备和安全设备，而威胁主要包括不合法主体的任意访问行为，以及合法主体的越权访问行为。基于主体对象的差异，可以将访问控制威胁分为物理访问威胁和逻辑访问威胁两大类。

（一）物理访问威胁

物理访问特指对工业设备的硬件实体或区域进行任何非法的直接接触。多数时候，这类非法物理访问的主要目的是为进一步的逻辑访问做准备。在特殊情况下，非法物理访问纯粹属于破坏性质，用于数据窃密。常见的威胁源包括情报人员、间谍等，主要的威胁类别包括直接物理接触后采取的破坏手段（如停电）、摆渡攻击（如介质感染等）等。

（二）逻辑访问威胁

逻辑访问主要包含网络访问、设备访问和业务访问三种方式。针对网络访问的威胁大同小异，最常见的威胁是非授权访问、拨号服务、拒绝服务、各种协议攻击等；而针对设备和业务的访问则多是利用了工业设备自身的访问控制机制脆弱性，常见的威胁包括弱口令爆破、用户名猜解、权限绕过、账号盗用等。

工业互联网设备安全指工厂内单点智能器件及成套智能终端等智能设备的安全，具体应分别从操作系统/应用软件安全与硬件安全两方面出发部署安全防护措施，可采用的安全机制包括固件安全增强、恶意软件防护、设备身份鉴别与访问控制、漏洞修复、接入安全认证等。

第三节

工业互联网控制安全

一、工业控制系统概述

工业控制系统是一个通用术语，包含多种类型的控制系统，如监控和数据采集（SCADA）系统、分布式控制系统（DCS），以及其他控制系统。工业控制系统通常用于电力、水利、石油化工、运输、制药、食品加工及离散制造业（如汽车、航空航天和耐用品）等行业。这些控制系统对于国家关键信息基础设施的运行至关重要。

SCADA 系统是高度离散的系统，主要用于控制分布在数千平方千米范围内的分散资产，如配水和污水收集系统、石油和天然气管道、电力电网和铁路运输系统。在这些系统中，集中数据采集和控制对系统运行至关重要。SCADA 控制中心通过远距离通信网络对现场进行集中监控，包括监控报警和处理状态数据。根据从远程站接收到的信息，操作员或自动化设备将监控命令推送到远程站控制设备，即现场设备。现场设备执行本地操作，如打开、关闭阀门和断路器，从传感器系统收集数据，并监控现场是否存在报警条件。

DCS 广泛用于流程型制造业，用于控制发电、炼油厂、水务、化学、食品和汽车生产等工业过程。DCS 作为一个控制体系结构集成在一起，包含一个监督级别的控制，负责监督多个用于控制本地化流程细节的集成子系统。产品和过程控制通常通过部署反馈或前馈控制回路实现，主要产品、工艺条件自动维持在期望的设定点附近。

PLC 是基于计算机的固态设备，可以控制工业设备和工艺。虽然 PLC 是 SCADA 和 DCS 系统中使用的控制系统组件，但它们通常是小型控制系统配置中的主要组件，用于汽车组装线和电厂吹灰器控制等离散过程的操作控制，几乎所有的工业过程都广泛使用 PLC。

二、工业互联网控制安全态势

当前，全球范围内工控安全整体形势不容乐观，暴露在互联网上的工业控制系统及设备数量不断增多，工控安全高危漏洞频现，针对工业控制系统实施网络攻击的门槛进一步降低，重大工控安全事件仍处高发态势。

(一) 全球工控安全风险持续攀升

暴露在互联网上的工业控制系统及设备有增无减。随着工业生产环境对管理和控制一体化需求不断升级，以及网络、通信等信息技术广泛深入应用，越来越多的工业控制系统与企业网中运行的管理信息系统之间实现了互联、互通、互操作，甚至可以通过互联网、移动互联网等直接或间接地访问，导致攻击者可从研发端、管理端、消费端、生产端等任意一端，实现对工控系统的攻击或病毒传播。国家工业信息安全发展研究中心根据监测数据发现，全球范围内暴露在互联网上的工控系统及设备大幅上升，全球越来越多的工控系统及设备与互联网连接，面临的安全风险进一步加大。

(二) 工控相关高危漏洞层出不穷

随着工控安全越来越受到各界重视，工控安全相关漏洞被大量披露出来，总体呈现数量不断增加、漏洞类型多样、危害等级高、行业领域分布广泛及漏洞不能被及时修补等特点。

1. 漏洞连年呈现高发态势

根据国家信息安全漏洞共享平台（CNVD）的数据，2020 年新增工控系统安全漏洞数达 682 个，增长率为 20%，如图 4-2 所示。2020 年新增漏洞，含高危漏洞 272 个、中危漏洞 364 个，中高危漏洞占比高达 93.3%；有厂商修复补丁的漏洞数量为 315 个，占比为 46.2%。

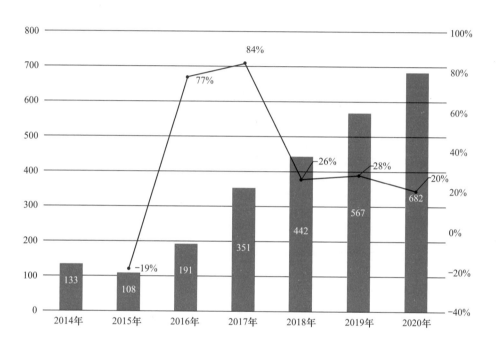

图 4-2　2014—2020 年新增工控系统安全漏洞数量及增长率

2. 漏洞类型呈现多样化特征

目前被发现的漏洞包括权限管理、认证许可、资源管理、缓冲区溢出、密码与加密、信息泄露、不受控搜索路径元素、SQL 注入、目录遍历、硬编码、安全性能、拒绝服务、跨站点请求、中间人、DLL 劫持等，共有 30 余种类型，其中权限管理、认证许可、资源管理、缓冲区溢出、密码与加密、信息泄露等漏洞类型数量相对较多。对业务连续性、实时性要求高的工控系统来说，无论是攻击者利用这些漏洞造成业务中断、获得控制权限还是窃取敏感生产数据，都将对工控系统造成极大的安全威胁。

2020 年，在国家工业信息安全漏洞库（CICSVD）收录的通用型漏洞中，共涉及 31 种漏洞成因类型，主要漏洞类型及其数量如图 4-3 所示，缓冲区错误漏洞数量最多。数量排名前六位的漏洞类型还有输入验证错误、授权问题、资源管理错误、拒绝服务、权限许可和访问控制问题。在收录的通用型漏洞中，从厂商角度分类，西门子、施耐德电气、研华科技等企业相关产品的漏洞数量较多；从产品类型看，PLC、组态软件、工业路由器、SCADA 等产品的漏洞数量较多。

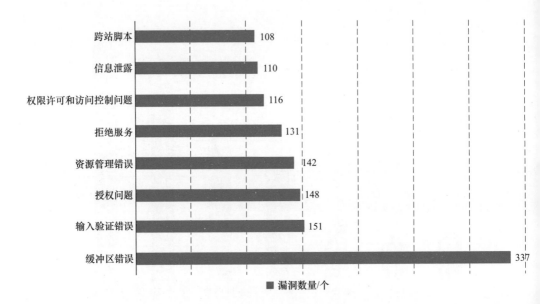

图 4-3 2020 年 CICSVD 收录漏洞的主要类型
资料来源：国家工业信息安全发展研究中心

3. 漏洞广泛分布在关键领域

漏洞广泛分布在关键制造、能源、水务、交通运输、医疗、化工等重点领域，如图 4-4 所示。根据美国网络安全和基础设施安全局（CISA）发布的《工业控制系统安全威胁情报》，2020 年新增或更新威胁情报达 283 条，其中，新增发布 249 条，涉及漏洞 812 个，2020 年新发布的漏洞 516 个。涉及关键制造领域的安全漏洞约为总数的 21.73%，能源、供水和废水系统等领域的漏洞数量也较多，关键工控系统和信息基础设施系统的脆弱性暴露明显。

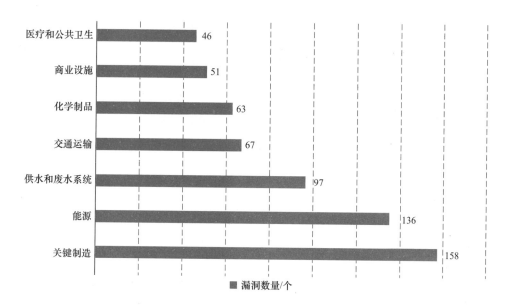

图4-4 2020年已公开工控系统安全漏洞涉及的主要行业领域

资料来源：美国网络安全和基础设施安全局（CISA）

4. 漏洞的修复进度较为迟缓

全球新增的工控安全漏洞数量要明显高于修复的漏洞数量，漏洞处置进度迟缓。究其原因，一方面，供应商漏洞修复工作的优先级别较低，还要受到软件开发迭代周期的限制；另一方面，工业企业出于维持业务连续性、稳定性的考虑，及时更新和安装补丁的积极性不高。

第四节

工业互联网平台安全

一、工业互联网平台安全概述

工业互联网平台是工业互联网落地与生态构建的关键载体，它面向制造业数字化、网络化、智能化需求，构建基于海量数据采集、汇聚、分析和服务体系，支撑制造资源泛在连接、弹性供给、高效配置的开放式平台，是一个基于云计算的开放式、可扩展的工业操作系统。工业互联网平台是工业云的叠加和迭代，由 IaaS、PaaS、SaaS 组成。底层是信息技术企业主导建设的云基础设施 IaaS 层，提供基础计算能力；中间层是工业企业自主或依托第三方平台企业建设的工业 PaaS 平台层，其核心是将工业技术、知识、经验、模型等工业原型封装成微服务功能模块，供工业 App 开发者调用；最上层是由互联网企业、工业企业、众多开发者等多方主体参与开发的工业 App 层（SaaS 层），其核心是面向特定行业、特定场景开发在线应用服务，并实现接入平台资源的协同和共享。

（一）工业 IaaS 安全

工业 IaaS 安全是指工业互联网平台云基础设施的安全，包括虚拟化系统安全、虚拟化网络安全、虚拟化管理安全等。工业 IaaS 是虚拟化、资源池化的信息基础设施，面临着虚拟机逃逸、跨虚拟机侧信道攻击、镜像篡改等新型攻击方式的威胁。另外，多数平台企业使用第三方云基础设施服务商提供的 IaaS 服务，存在数据安全责任边界不清晰等安全问题。

（二）工业 PaaS 安全

工业 PaaS 是基于工业知识显性化、模型化、标准化的赋能到使能开发环境，其安全包括通用 PaaS 平台、工业应用开发工具、工业微服务组件的安全。工业大数据分析平台汇聚海量工业企业的工艺参数、产能数据等高价值数据，被黑客入侵可能导致敏感信息泄露，威胁平台数据安全。

（三）工业 SaaS 安全

工业 SaaS 安全是指工业互联网平台应用层的应用服务安全，其中，工业 App 涉及专业工业知识、特定工业场景，集成封装多个低耦合的工业微服务组件，功能复杂、缺乏安全设计规范，可能存在安全漏洞和缺陷，工业 App 漏洞、API 通信安全、用户管控、开发者恶意代码植入等应用安全问题更为突出。

二、工业互联网平台安全建设

我国工业互联网平台已经从概念普及进入实践深耕阶段，国内各大主流平台逐步实现了用户、设备、产品和企业的全方位连接，平台安全体系建设取得初步成效。当前，国内工业互联网平台安全处于工业企业、平台企业、安全企业、互联网企业、硬件企业多方共建状态。

（一）工业企业自建工业互联网平台并实施安全加固

龙头工业企业和大型智能制造公司面向工业转型发展需求构建工业互联网平台，同步实施安全加固。从综合安全防护的角度出发，在平台各层次部署相应安全防护措施。例如，中国航天科工集团旗下航天云网 INDICS 工业互联网平台，构建了涵盖设备、网络、控制、应用、数据的完整安全保障体系。海尔 COSMOPlat 工业互联网平台自主研发海安盾安全防护系统，以工业 IaaS 层的虚拟化安全、主机安全为重点，形成集态势感知、业务系统安全分析、漏洞发现于一体的安全解决方案。

（二）平台企业输出具备一定安全能力的工业互联网平台

大型制造企业及互联网企业依托自身特色打造工业互联网平台，孵化独立运营的平台服务，向其他企业输出具备一定安全能力的工业互联网平台。例如，寄云科技 NeuSeer 工业互联网平台为能源化工企业提供安全生产管控能力，降低安全管理的人工依赖，提升安全管理水平。树根互联根云平台聚焦 PaaS 和 SaaS 层安全，支持平台主机、应用的安全审计和工业 App 上线前的安全检测与加固。东方国信 Cloudiip 工业互联网平台支持海量大数据的接入、存储、分析和模型共享，并保障数据安全。阿里云工业互联网平台将安全技术进行解构、重组，打造完整、可靠、可信的安全生态系统，提升平台服务的内生安全能力。浪潮云洲工业互联网平台发布云数据铁笼 IDS，为多方安全计算场景提供第三方支持和服务，解决数据隐私泄露问题，并提供基于区块链的数据计算全流程安全审计。

（三）安全企业输出平台安全解决方案

安全企业利用自身积累的安全经验为工业互联网平台提供安全解决方案，除提供资产测绘、杀毒软件、防火墙、入侵检测、流量审计、安全监测等传统安全软件外，还通过 SaaS 服务模式输出安全能力，为工业互联网平台提供技术支撑。例如，阿里云盾提供了 DDoS 防护、主机入侵防护、Web 应用防火墙、态势感知等一站式安全产品及服务，助力提升工业互联网平台安全防护水平。360、启明星辰等安全厂商为航天云网 INDICS 工业互联网平台建立病毒库、漏洞库及防护工具库，支持平台入侵检测、漏洞扫描和主动防御。长扬科技打造了工控安全评估、工控等保检查、工业防火墙、工控主机卫士、统一安全管理、安全态势感知等多种安全产品，支持工业互联网平台安全防护。

（四）互联网企业输出集成安全能力的平台系统

互联网企业依托系统、软件专精优势，为工业互联网平台提供安全的操作系统、虚拟化软件、数据库、大数据分析模型等。例如，东土科技发布了Intewell工业互联网操作系统，依托国产自主、安全可靠的"道系统"，面向智能装备、智能制造等多领域提供国产设备软件基础运行平台。以阿里云关系型数据库为代表的安全数据库、以阿里云大数据计算服务为代表的安全大数据服务和安全虚拟化系统也在业界广泛使用。

工业互联网平台企业建立完整的安全管理闭环。从工业互联网平台安全管理的角度，围绕信息安全隐患发现、风险研判与事件响应等关键环节，平台企业应做好运维安全管理、定期风险评估等安全管理措施，明确制定预案、开展演练等应急管理安全要求，并以落实企业主体责任为出发点，建立健全企业信息安全管理机制、落实安全责任人等安全管理制度。

第五节

工业互联网网络安全

工业互联网的网络按建设和管理边界可以划分为企业内网和企业外网。其中，企业内网包含生产网、控制网、企业管理网及集团专用网；企业外网主要指基于国家骨干网、接入网和城域网建立的互联网宽带网络，尤其是指三大基础电信运营商建设的宽带网络。企业内、外网共同构成工业互联网的网络功能体系，将工业的各种元素和单元连接起来，实现包括生产设备、控制系统、工业物料、工业产品和工业应用在内的泛在互联，形成工业数据跨系统、跨企业、跨网络、跨平台流通路径。面对企业内、外网全面实现互联互通的新拓扑和新结构，如何保证网络的安全，成为工业互联网安全的一大挑战。

网络安全主要指生产控制网、数据采集网、企业管理网等内网安全和涉及与用户、协作企业实现互联的外网安全。

一、内网安全威胁

具体来说，在内网侧，安全问题主要包括以下三种威胁。

（1）随着越来越多的内部网络采用 IP、Wi-Fi 等开放协议，互联网上的安全威胁延伸至控制网络，传统静态防护策略和安全域划分方法不能满足工业企业网络复杂多变、灵活组网的需求。

（2）工业互联网涉及不同网络，在通信协议、数据格式、传输速率等方面存在差异，标识解析体系顶层设计不完善，统一规划安全策略存在困难，异构网络的融合面临极大挑战。

（3）工业领域传统协议和网络体系结构设计之初基本没有考虑安全性，安全认证机制和访问控制手段缺失。

二、外网安全威胁

在外网侧，需要在传统互联网安全的基础上，进一步强化面向工业互联网的 IPv6 安全、软件定义网络（SDN）安全、工业互联网标识解析安全、5G 等新型移动通信技术安全等。

绝大多数基于网络协议漏洞的威胁，从技术原理上说，都是利用网络中所使用的协议栈的漏洞，以及各种传输协议之间的不一致性，来影响信息的安全质量。工业网络中协议多种多样，除众所周知的以 TCP/IP 协议栈为主的 IP 网络之外，比较常见的工业协议类型多达 40 多种，这些协议分别在工业以太网和现场总线中有不同的应用和支持。基于多数工业协议的共性对其漏洞和威胁进行分析，将协议栈的漏洞所衍生的威胁主要概括为以下几种。

1. 拒绝服务攻击

拒绝服务攻击由于技术门槛低，实现起来相对容易，因此是工业网络中出现频率较高的一类攻击。攻击者通过消耗系统性能或网络带宽，使目标网络系统无法提供正常服务。

2. 重放攻击

重放攻击也叫回放攻击，指攻击者重新发送一个接收者已经接收过的数据包，一般用于认证欺骗或破坏业务逻辑。

3. 中间人攻击

比较典型的有劫持攻击，在一般情况下，劫持攻击和欺骗技术紧密结合，将一个网络节点逻辑连接到两个正常通信的节点之间，从而实现数据的窃听、修改或命令注入等攻击欺骗，如图 4-5 所示。欺骗通常指地址欺骗，也包括业务层的认证欺骗等。在工业以太网环境中，较为常见的协议欺骗方式包括：ARP 欺骗、IP 欺骗、路由欺骗、OPC 欺骗、SNMP 欺骗、DNS 欺骗、Web 欺骗等。

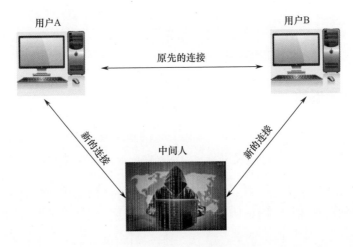

图 4-5　中间人攻击示意图

从威胁类别上来说，工控网络协议由于种类多，安全机制相对不健全（如通常缺乏协议认证和加密传输机制），所以与较为完善的 TCP/IP 协议栈相比，其漏洞利用更加容易实现。

三、网络防护边界安全威胁

虽然工业网络应用协议普遍存在各种缺陷引起的漏洞，从而引发各类工业网络安全威胁，但是，如果安全隔离措施落实到位，边界划分清晰严谨，攻击者想要实现针对工业网络系统内部的攻击仍然是较为困难的。在理想状况下，工业网络中的重要系统都应采取完善的边界划分和隔离措施，从而能够具备强大的防御机制来抵御各类攻击。但是，在现实情况下，攻击者还是可以通过众多接入方式渗透到工业系统当中的。比较常见的是通过业务网络，利用多种接入方式，直接进入高安全级别工控系统的 DMZ 区域，甚至控制网络。

造成这种情况的主要原因之一是网络的防护边界划分不清，这种边界模糊的情况使攻击者无须针对边界防御措施进行正面破坏，就能比较轻易地绕过它们，使所有隔离防御起不到有效保护系统的作用。除了边界划分不清的原因，边界防御机制不足也会造成类似情况。大多数工业企业的做法是内部数据单向传输，对实时通信做出一定限制，然后在系统区域内使用可移动的存储介质进行数据传输。

在一般情况下，企业将工业生产环境中的网络区域划分为三个部分，分别是业务办公区、生产监控区和控制系统区。这种划分方式不同于 IEC-62443 标准中的分层分区标准，更多是出于业务和工作方便的考虑，对于安全性考虑不足，有过于简化的弊端。实际上，工业网络中存在许多潜在的区域需要隔离和保护，如果某一个系统是脆弱的，并且这个系统和其他系统之间缺少必要的隔离措施，那么就会存在一个可利用的脆弱性，威胁向量就会存在。以智能电网为例，由于其部署的规模庞大，使这些网络不论在物理环境方面，还是在虚拟的技术系统之中，都更加容易被访问。而智能电网这个大环境和其他几个辅助系统之间也需要进行通信，这就使得攻击者一旦得手，就可能会进一步潜入其他工业网络区域之中。

在工业网络边界区域的威胁，基本上涵盖了所有常见的技术攻击手段，从威胁类别来看，包括信息泄露、非法分析、非法修改、非法破坏、篡改控制组件、冒充合法用户、抵赖、拒绝服务、提升权限、病毒感染、非法物理存取等。

第六节

工业互联网数据安全

一、工业互联网数据概述

工业互联网数据是指工业互联网这一新模式新业态下，在工业互联网企业开展研发设计、生产制造、经营管理、应用服务等业务时，围绕客户需求、订单、计划、研发、设计、工艺、制造、采购、供应、库存、销售、交付、售后、运维、报废或回收等工业生产经营环节和过程，所产生、采集、传输、存储、使用、共享或归档的数据。

工业互联网数据涉及的主体较多，既包括具备研发设计数据、生产制造数据、经营管理数据的工业企业，又包括具备平台知识机理、数字化模型、工业 App 信息的工业互联网平台企业，还包括具备工业网络通信数据、标识解析数据的基础电信运营企业，标识解析系统建设运营机构等工业互联网基础设施运营企业，具备设备实时数据、设备运维数据、集成测试数据的系统集成商和工控厂商，以及具备工业交易数据的数据交易所等。这些不同类型的企业都是工业互联网数据产生或使用的主体，同时也是工业互联网数据安全责任主体。

二、工业互联网数据安全关乎国家安全

工业互联网数据同时具备"工业"属性和"互联网"属性，但相比传统网络数据，工业互联网数据种类更丰富、形态更多样。主要有：以关系表格式存储于关系数据库的结构化数据，如生产控制信息、运营管理数据；以时间序列格式存储于时序数据库的结构化数据，如工况状态、云基础设施运行信息；以文档、图片、视频格式存储的半结构化或非结构化数据，如生产监控数据、研发设计数据、外部交互数据。

除了多态性，工业互联网数据还具有以下特征。

一是实时性，工业现场对数据采集、处理、分析等均具有很高的实时性

要求。

二是可靠性，工业互联网数据十分注重数据质量，在数据采集、传输、使用等环节都要保证数据的真实性、完整性和可靠性，确保工业生产经营安全稳定。

三是闭环性，工业互联网数据需要支撑状态感知、分析、反馈、控制等闭环场景下的动态持续调整和优化。

四是级联性，不同工业生产环节的数据间关联性强，单个环节数据泄露或被篡改，就有可能造成级联影响。

五是更具价值属性，工业互联网数据更加强调用户价值驱动和数据本身的可用性，用以提升创新能力和生产经营效率。

工业互联网数据安全关乎国计民生，关系国家安全。工业互联网数据是贯穿工业互联网的"血液"，已成为提升制造业生产力、竞争力、创新力的关键要素，是驱动工业互联网创新发展的重要引擎。随着工业互联网的发展，数据增长迅速、体量庞大，数据安全已成为工业互联网安全保障的主线，一旦数据遭泄露、篡改、滥用等，将可能影响生产经营安全、国计民生甚至国家安全，其重要性日益凸显，具体表现在以下几方面。

一是工业互联网数据安全是保障企业正常开展生产经营活动的重要前提。设计图纸、研发测试数据、工艺参数等技术资料可能含有企业商业机密，一旦遭泄露将会导致企业失去核心产业竞争力。生产控制指令、工况状态等信息若被不法分子篡改，可引发系统设备故障甚至生产安全事故，影响企业生产运行。企业内部合作信息、平台客户信息等数据的泄露则会破坏企业信誉和形象。

二是工业互联网数据安全是经济社会稳定发展的重要基石。国家化工、钢铁等产品生产能力、储备情况、重大进出口项目信息等数据，能够反映产业实力、潜力和竞争力，关乎国家经济发展。关键基础设施信息一旦遭泄露，可被不法分子利用，发起定向攻击，引发火灾、爆炸等重大安全事故，威胁人民生命健康，造成生态环境污染，影响社会稳定。

三是工业互联网数据安全是总体国家安全的重要组成部分。重大装备研发设计文档等属于重要数据，一旦泄露可被他国掌握相关技术，影响国家科技实力。特种钢生产量等相关数据与高端装备制造密切相关，一旦泄露可被他国用于推算我国高端装备制造等情况，可成为他国的谈判筹码。汇聚于工业互联网平台中的海量数据，可通过大数据分析手段挖掘出敏感数据，可能会被别有用心的国家利用威胁我国国家安全。

为有效应对工业互联网安全数据安全风险，应建立工业数据分级分类管理制度，形成工业互联网数据流动管理机制，解决工业数据流动方向和路径复杂导致的数据安全防护难度增大等问题。

第七节

工业互联网安全发展趋势

一、体系化安全管理机制建设有望提速

工业互联网安全服务已经成为工业互联网安全的重要细分市场，包括典型的"安全评估""安全培训""安全应急""安全运维"等。在传统 IT 领域内已经成熟的安全服务，逐渐在工业互联网安全服务市场也得到了广泛应用。例如，以"安全评估""安全运维""等保建设咨询"为核心的网络安全专业服务解决方案，已经在很多工业企业中进行了深入应用。

随着工业信息安全领域的政策标准体系逐步完善，体系化的安全防护管理机制将逐步建立健全。在技术支撑手段方面，国家工业互联网安全态势感知与风险预警平台基本建成，这将有助于利用行业监管数据资源优势，依托国家、省、企业三级架构，使更多地区实现与国家级平台的对接联动，形成工业互联网安全风险实时监测、动态感知、快速预警"全国一盘棋"的监测保障体系。在保障能力建设方面，行业专业机构将持续建设在线监测、仿真测试、应急演练、攻防对抗、安全加固等，持续打造工业互联网安全监测、应急响应与信息共享等平台。在产业支撑方面，工业信息安全领域产品和服务的市场在持

续发展和扩大，工业信息安全市场规模稳中有升，针对工业应用场景的个性化、专业化网络安全服务供给能力有望提速。

二、应急管理将成为工业互联网安全的重要组成部分

工业互联网应急管理是在对网络安全态势、组织的网络系统运行情况和面临的威胁有清楚认识的情况下，在管理、技术和人员方面进行计划和准备，以便安全事件发生时，能够做到有序应对和妥善处理，降低组织损失，并能够根据这些经验改进组织应对安全突发事件的对策和计划。工业信息安全应急演练作为应急基础能力，能够有效检验预案并提高其实用性和可操作性、锻炼应急技术队伍、提高应急处置能力、完善应急响应、普及工业信息安全应急知识并提高全员风险防范意识等，已经成为世界各国强化应急防御能力的重要手段。

2020 年，国内外多次举办工业信息安全演习活动。以美国为代表的国外发达国家高度重视以演代战。2020 年 6 月，欧盟网络与信息安全局举办"网络欧洲 2020"演习，来自欧盟各成员国的政府部门、网络安全应急机构、公共组织，以及来自电信、能源、金融、医疗健康等关键信息基础设施行业的私营企业等人员参与其中。通过开展常态化的"网络欧洲"系列演习，有效推动了欧盟提高应急响应效率、磨合应急联动机制。2020 年 8 月，美国国土安全部举办为期三天的"网络风暴 2020"演习，吸引超过 2000 人参加。此次演习主要针对医疗保健、关键制造业等关键基础设施领域，围绕网关协议、路由机制、数字证书等维度识别并协同应对网络攻击，强调了信息共享和分析、应急响应协调的关键作用，旨在检验国家网络安全事件应急响应计划和应急政策实施的有效性。

工业互联网安全建设是推进工业互联网健康发展的必要保障，我国针对工业互联网安全的相关工作仍处于摸索阶段，安全管理体系尚不健全、安全技术防护能力较弱、数据安全风险隐患凸显等问题亟待解决。为了加强我国工业互联网安全保障能力建设，亟需清晰认识工业互联网在不同安全层级的安全风险，从建立健全工业互联网安全管理体系、加快提升工业互联网安全技术防护能力、实施数据分类分级管理等不同角度落实并完善工业互联网安全保障体系。在工业互联网企业层面，需从工业互联网分层安全防护与安全管理等方面，部署安全防护策略，提升平台安全防护水平。

第五章　工业信息安全应急管理

在国际安全科学领域，有一条"海恩法则"：每一起严重事故的背后，必然有 29 起轻微事故和 300 起未遂先兆，而这些征兆的背后又有 1000 起事故隐患。当前，全球工业信息安全事件不断攀升，定向攻击、勒索病毒和 APT 攻击等威胁加剧，并以国家重要工业基础设施为主要目标，严重影响了国家安全。这就要求我们未雨绸缪，进行风险减缓与突发事件预防。

第一节

工业信息安全应急管理概述

近年来，网络安全作为国家安全的一部分，面临安全事件频发、风险加剧等严峻挑战，建立事前精准预判、事中及时处置、事后快速响应的网络安全应急保障能力，成为世界各国共同关心的问题。美国、欧盟、北约等国家和组织纷纷开展网络安全应急演练，聚焦提升关键制造、交通运输、电力等工业相关领域的应急响应能力，着重培养专业应急队伍的攻击防护、及时响应、协同处置等能力。随着网络技术不断融入工业生产系统，工业信息安全成为不可回避的话题。我国围绕工业信息安全应急体系建设，逐步释放应急体系建设整体效能，不断加强工业信息安全应急技术队伍建设，持续建立健全工业信息安全预防预警、信息报送与通报、事件应急响应、应急协调联动等工作机制，开展工业信息安全应急管理相关法律法规和标准研制、应急预案制定、技术手段建设、应急培训、应急演练等服务，推动与"一带一路"相关国家间的国际合作，加快建立工业信息安全应急体系（见图 5-1），共同维护我国工业信息安全。

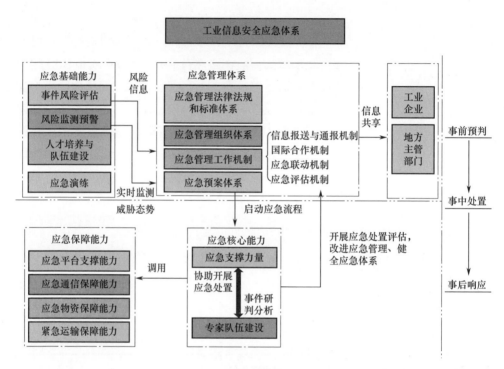

图 5-1 工 业 信 息 安 全 应 急 体 系

资料来源：国家工业信息安全发展研究中心整理

第二节

工业信息安全应急管理要素

一、态势感知

态势感知是以信息安全系统收集到的海量数据为基础，从整体角度提升业务系统对安全威胁的发现与识别、理解与分析、响应与处置等能力的一种方式。对工业企业而言，建设企业级安全态势感知平台非常重要。它可以解决企业内典型的网络安全问题，如，安全日志等信息的实时集中汇集、综合分析、态势感知、实时异常报警、人员安全培训等；还可以有效提升工业企业网络安全监测和态势感知能力，实现网络安全事件和风险的监测、分析、审计、追踪溯源和风险可视化。网络安全态势感知系统的主要目标是在动态变化的网络环境中高效收集、整合各种数据，将局部的网络特征指标综合化，进而全面、宏观地对网络安全状态进行可视化展示，其关键在于数据驱动、人在回路、协同共享和科学决策。

受不同因素的影响，对于态势感知、决策制定、决策执行要分别进行研究。从态势感知的应用领域来看，从起初的军事领域延伸到交通、气象、医疗等诸多行业，其中，针对网络空间态势感知而言，根据实际应用场景、应用规模、研究方向、输入输出等的差异，可以细分为多个领域、多个层级、多个方向；从应用场景来看，包括传统互联网、移动网、物联网、工控网、卫星网等；从应用规模来看，可以分为单位级、行业级、地区级、国家级、空天级；从研究内容来看，可以分为资产态势、漏洞态势、威胁态势等。

为提升快速感知能力，国家工业信息安全发展研究中心不断扩大数据来源，丰富数据内容，建立了以国家平台为中心，国家、省/行业、企业三级联动的"纵横网络"。国家平台是整个网络的第一级，是数据汇聚、处理、分析、研判和预测的核心；省级、行业级平台作为所在辖区、行业内的数据处理中心为辖区态势感知提供技术支撑，与国家平台进行数据对接与交互；企业级平台是与工业生产息息相关的网络重要数据的来源，是直观反映工业领域安全状况，为工业控制安全分析与态势预测提供数据支撑和科学依据的重要节点。地方平台建设通常分为三种模式。

一是对于工作起步较晚，经费不足，地方支撑力量较为薄弱的地区。采用国家平台数据推送、地方平台态势展示的方式，以便快速掌握辖区内安全态势，降低平台运维成本，弱化运维人员技术要求。

二是针对经费有限，地方支撑队伍具备一定技术实力的地区。平台侧重解决联网监测问题，辖区内监测数据可在本地存储、分析、研判，以便培养一批技术支撑人员，为后续平台升级改造奠定基础。

三是在经费充裕，地方支撑队伍技术实力较强的地区。分期建设地方平台全功能模块，帮助地方综合、实时掌握辖区内态势情况，建立完备的态势感知系统。

二、预警体系

网络安全通报预警体系是指，为使网络系统的软硬件及应用系统的数据得到保护，预先发现风险前兆，客观准确地对可能发生的网络安全风险进行预报，使网络安全保护单位及时、有针对性地采取预防措施，防止或减少风险发生的可能性，最大限度地降低事故影响的严重程度，确保特定网络系统的信息安全。该体系通常包括安全态势检测、安全情报储备、预警服务和应急处置四个过程，并呈现出科学性、系统性、操作性、及时性、高效性和创新性等的特征。

建立网络安全通报预警体系需要一定的情报数据。为此部分大型企业构建态势感知平台，持续推进网络安全管理，全面部署监测装置，强化态势感知平台建设和应用，制定相关系统技术接口规范和工作流程，实现对内部安全系统的联动。它不仅包括数据泄露防护、威胁情报监测、舆情监控等网络安全系统数据，还包括全面监控网络空间内计算机、网络设备、安防设施运行等安全行为和应用大数据、人工智能等技术，以便及时发现各种威胁和异常活动，保护高风险信息资产。

网络安全通报预警体系建设，需要与国家平台、行业平台对接，实现监测数据互通共享，完善政企联动、上下协同的预警机制；加强对关键系统、重要网络边界、各网络安全域边界的异常监测和状态监控；实现网络安全态势的综合展示和风险监测预警，支撑网络安全事件实时监视和快速处置；分析网络安全脆弱性，预判网络安全风险，及时发现潜在入侵和高隐蔽性攻击；提升网络安全审计及处置的自动化水平，构建"动态管控、综合防御"网络安全保障体系。

搭建预警指挥平台，对多种渠道收集的网络安全隐患、预警信息、网络安全事件等进行可视化集中展示；具备语音、视频、数据等多媒体调度功能，协调技术专家和专业队伍开展分析研判、应急资源调度，提高重大网络安全事件统一指挥能力。

目前，我国顶级的网络安全通报预警平台已基本具备为全国提供监测预警服务的能力，各项技术指标也已达到国内先进水平。在工控协议解析方面，可深度解析超过 150 种工控专有协议，已达到国际领先水平；在全网扫描速度方面，平台应用了基于异步无状态请求的高速监测技术，监测速率超过 40 万个 IP 每秒，可在 15 分钟内完成全国 3.3 亿个 IP 的快速扫描监测；在风险精准定位方面，平台应用基于多源信息优化的 IP 高精度定位技术，实现了 10 ～ 100 米范围内的风险所属企业定位，定位准确率超过 90%；在恶意攻击捕获方面，对来自互联网的嗅探与扫描，可实现日均超过 1 万次的捕获量，并能对美国、日本、欧洲等国家和地区的黑客组织攻击行为进行实时监测；在数据存储能力方面，平台基于大数据架构，具备 PB 量级的数据采集、存储和分析能力，每秒解析数据超过 10 万条；在多源数据采集方面，平台支持 MySQL、Oracle 等超过 15 种数据接口，实现了主流数据接口全覆盖，保证了数据对接的实时高效。

三、信息共享

加强威胁信息共享能力，提升态势感知和通报预警技术水平的重要技术手段之一是，构建工业信息行业漏洞库。它通过整合内外部漏洞挖掘域，跟踪研究资源，加强漏洞信息、情报信息的获取能力建设，开展相关漏洞分析、安全加固研究，积极引导查漏补缺工作，以提升对重大安全漏洞的处置能力。

我国积极推动漏洞库技术平台建设，搭建了国家信息安全漏洞共享平台（CNVD）和国家信息安全漏洞库（CNNVD）。2019 年，在工业和信息化部的指导下，由国家工业信息安全发展研究中心组织发起，在国内从事工业信息安全相关产业、教育、科研、应用的机构、企业及个人自愿参与建设的全国性、行业性、非营利性的漏洞收集、分析、处置、披露的国家工业信息安全漏洞库（CICSVD）上线。CICSVD 致力于工业信息安全漏洞的收集验证、风险发布及应急处置，切实提升了我国在工业信息安全漏洞方面的整体研究水平和风险防范能力。

CICSVD 在 25 家成员单位的共同参与和支持下，持续优化漏洞库技术，稳步扩大工业信息安全漏洞共建共享范围，深化漏洞发现、上报、分析和处置的工作机制，2020 年全年收录 2138 个，累计收录 3887 个工业信息安全漏洞，跃升为国内收录工业信息安全漏洞最多的国家级漏洞库。它向社会各方提供漏洞、补丁、报告、新闻等风险预警信息 5800 余条，为工业和信息化部、中共中央网络安全和信息化委员会办公室等部门决策提供了有力支撑。

据 CICSVD 统计数据，2020 年收录工业信息安全漏洞数达到 2138 个，超过 2019 年收录的 1749 个，环比增长 22.20%，其中，通用型漏洞 2045 个，事件型漏洞 93 个。整体呈现危害等级高、漏洞成因多样、分布范围广的特点。2020 年 CICSVD 每月漏洞收录情况如图 5-2 所示。

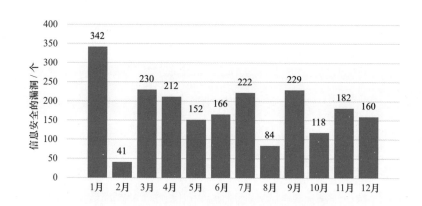

图 5-2　2020 年 CICSVD 每月漏洞收录情况

资料来源：国家工业信息安全发展研究中心整理

在 CICSVD 收录的通用型漏洞中，共涉及 31 种漏洞类型，近 3 成因配置或管理错误导致，安全意识薄弱或安全防护措施不完善成为日趋严重的风险问题。在 31 种漏洞成因中，缓冲区错误漏洞数量最多，占比 16.50%。输入验证错误漏洞、授权问题漏洞、资源管理错误漏洞、拒绝服务漏洞分别占漏洞类型的第 2 ～ 5 位，占比分别为 7.40%、7.20%、6.90%、6.40%。

在 CICSVD 收录的通用型漏洞中，受漏洞影响的产品广泛应用于制造、能源、市政、医疗等关键行业，其涉及的产品供应商主要包括西门子（Siemens）、施耐德电气（Schneider Electric）、研华科技（Advantech）、摩莎

（Moxa）、ABB 公司等 335 家厂商；受漏洞影响的国家和地区，主要包括中国、美国、德国、法国、日本等。

从产品类别来看，涉及工业主机设备和软件、工业生产控制设备、工业网络通信设备、物联网智能设备、其他通用产品和组件等十大品类，具体包含可编程逻辑控制器（PLC）、组态软件、工业路由器、数据采集与监控系统（SCADA）、工业软件、操作员面板（HMI）、智能医疗设备、安防监控设备等细分产品，其中 PLC、组态软件、工业路由器占比分别为 12%、11% 和 8%。

四、预案管理

网络安全应急预案是指面对网络突发事件的应急管理、指挥、救援计划等的工作方案。它同自然灾害、防汛、地震等突发事件预案一样，属于应急预案的一个重要组成部分。为了应对各种安全风险，在一个有效的网络安全应急预案中，每种事件都要确定该种事件的响应策略，即应急预案，以便规定谁有启动预案的权利，并在事件发生之前建立预防性措施。因为在事件响应时如果没有一个有效的应急预案，处置人员可能会无意中破坏证据、危害到系统或传播恶意代码，从而将事情弄得更糟；多数情况下，攻击者会在受害系统上安装陷阱，处置人员做出诸如在目录中列出文件之类的简单操作时，也可能会删除某些关键文件；员工需要知道如何报告事件，如何与外部单位（如上级部门、媒体、执法部门等）进行沟通，如何与外部单位及相关单位协同工作，等等。所以有必要针对各级各类可能发生的网络安全事件制定预案，明确事前、事中、事后的各过程中相关部门和人员的职责，做到事前备战，遇事不乱，最大限度降低事件造成的损害。

对于国家来说，《国家网络安全事件应急预案》是总纲领，下设部门网络安全应急预案、地方网络安全应急预案、企事业单位网络安全应急预案等，各预案间有机衔接。其中部门应急预案是国务院有关部门根据《国家网络安全事件应急预案》和部门职责，为应对网络安全事件制定的预案；地方网络安全应急预案是省级及各市（地）、县（市）级的网络安全应急预案；企事业单位网络安全应急预案是单位自己制定的网络安全应急预案。国家网络安全应急预案体系如图 5-3 所示。

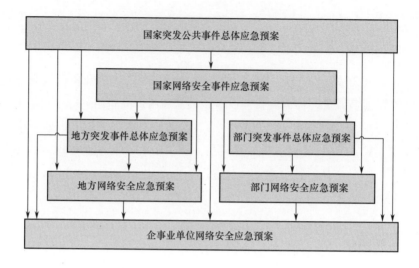

图 5-3   国家网络安全应急预案体系

以北京市为例,《北京市网络与信息安全事件应急预案》是北京市地方现行有效的网络安全应急预案。北京作为首都,人口稠密,经济要素高度积聚,政治、经济、文化等国际交往频繁,重大活动多,信息安全突发事件诱因复杂,应急处置难度大,一旦发生重大或特别重大网络与信息安全事件,势必对本市的公共安全、政治稳定和社会经济秩序构成严重威胁,并对其他地区产生重大影响。

《北京市网络与信息安全事件应急预案》针对做好北京市范围内各种重大活动和突发事件应对的网络与信息安全保障工作,可有效提高全市网络与信息安全应急保障能力和水平。该预案由总则、组织机构与职责、监测预警、应急响应、恢复重建、保障措施、宣传培训和演练、附则几部分组成,其网络安全事件分类与《国家网络安全事件应急预案》保持一致,分成有害程序事件、网络攻击事件、信息破坏事件、信息内容安全事件、设备设施故障事件、灾害性事件和其他事件七类。网络安全事件分级根据影响人数和损失由高到低分为特别重大事件(Ⅰ级)、重大事件(Ⅱ级)、较大事件(Ⅲ级)和一般事件(Ⅳ级)四个级别。

《北京市网络与信息安全事件应急预案》与《国家网络安全事件应急预案》以及电子政务单位之间,明确了网络安全事件响应、报送和处置的工作流程,以及上下级预定的关联衔接问题,具体规定如下:

对于特别重大事件，由国家应急指挥部启动，市通信保障和信息安全应急指挥部在国家应急指挥部的统一指挥下，开展应急处置工作。

对于重大事件，由市通信保障和信息安全应急指挥部启动Ⅱ级响应，统一指挥、协调、组织应急处置工作。

对于较大事件，当在天安门地区或东城、西城、朝阳、海淀、丰台、石景山等重点地区发生较大突发网络安全事件时，由市通信保障和信息安全应急指挥部启动Ⅲ级响应，统一指挥、协调、组织应急处置工作；当在其他区县发生较大突发网络安全事件时，由事发单位主管部门或属地区县启动Ⅲ级响应，按照相关预案进行应急处置。

对于一般事件，由网络安全事件发生地的区县人民政府及有关部门或单位启动应急响应预案，进行应急处置。事发单位负责将该事件的信息和处置进展情况及时向市通信保障和信息安全应急指挥部办公室报告。

制定工业信息安全应急预案的总体目标是通过及时有效的应急行为，尽可能缩小工业控制系统安全突发事件影响的范围，降低突发事件造成的损失。其主要任务包括：控制事态蔓延和扩散；恢复信息流的完整性和保密性并保障业务流的连续性；查清突发事件发生的原因，评估危险程度并总结经验教训。因为一旦发生工业控制安全事件，往往会直接影响人类社会和经济的正常运行，产生难以估量的后果，所以应急管理不能只关注危害发生后的应急措施，还应把事前预防作为重中之重。从网络攻击源的定位与监控管理，到网络事件发生时的现场应对措施，以及启动应急预案后的各项工作，都必须体现"全过程、多角度、全方位"的基本思路。工业企业在编制工业控制安全应急预案体系过程中，应结合生产实际，重点突出突发工业控制系统安全事件的预防工作，并避免各级、各类预案之间相互孤立、交叉或矛盾。

五、应急演练

网络安全应急演练，作为网络安全建设的重要组成部分，在《国家网络安全事件应急预案》等法律法规中有所体现。我国网络安全应急演练包括三种主要模式：桌面推演、预案演习和实战演练。工业信息安全应急演练作为国家网络安全事件应急预案的基础，能够有效检验应急预案并提高其实用性和可操作性、锻炼应急技术队伍、提高应急处置能力、完善应急响应机制、普及工业信息安全应急知识并提高全员风险防范意识等，成为世界各国强化应急防御能力的重要手段。

通常，一场网络安全实战演练由三个团队完成：裁判方（筹办方或监管机构）、防守方（系统建设者与维护者）、进攻方（渗透测试人员）。对于裁判方来说，在选定测试目标上，存在两个问题：一是网络攻击具有一定的安全隐患，二是成本和风险控制。没有任何人可以预估攻击会造成的风险，即使是模拟仿真，昂贵的成本和与真实攻击产生的差异性仍然存在。对于防守方来说，在演练时出现不恰当的应对措施，例如断网断电，紧急修改口令，直接封锁一切可疑的 IP 等，损伤了业务的连续性造成很多正常访问无法进行。对于测试方来说，渗透测试不同于真正意义上的攻击，由于受到时间短和对测试目标的不了解，多数情况下只能进行扫描器通网扫描，以查找公开漏洞。

我国在 21 世纪初就开始了网络安全应急体系建设，它在网络安全威胁、监测预警、应急处置，安全信息的收集、核实、汇总、发布，对国内应急响应能力的组织协同和国际交流等方面，均已比较成熟。在重大威胁事件响应处置、重大隐患排查等方面发挥了关键作用，成为国家网络安全的重要支撑。安全风险在面临重大社会安全风险时，是相互渗透和传递的，几乎所有突发性事件和社会风险都会向网络空间传递，网络安全活动将受到各种传统和非传统有安全威胁，其关联影响呈现动态变化的特性。

当前，暴露在互联网上的工业控制系统及设备数量有增无减，病毒、木马等网络安全威胁不断向工业领域渗透蔓延，制造、能源、化工等重要领域的工业信息安全漏洞高发。聚焦安全应急演练，提升工业信息安全应急保障能力势在必行。面对严峻的工业信息安全形势，美国、欧盟、北约等国家和组织高度重视工业信息安全应急保障能力建设，纷纷开展编制应急预案，应急演练、安全培训、安全竞赛等活动，其中，应急演练具有验证预案有效性、锻炼培养人才、提升队伍竞赛水平等综合优势，备受各个国家和组织的青睐。当前，国外"网络风暴""网络卫士""锁定盾牌""网络神盾"等网络安全应急演练也都十分强调工业信息安全。例如，"网络风暴"应急演练一直强调关键基础设施的抵抗网络攻击能力，演练场景多设置在能源、信息技术、交通、通信、金融、防务等领域；2016 年美国"网络卫士"应急演练模拟攻击海湾石油和燃气设施导致其漏油，使加州海湾三大港口的船只陷入停顿；2018 年"锁定盾牌"应急演练在往年关注关键信息基础设施的基础上，进一步强调了工业场景下的安全防护，设置了电网、4G 公共安全网络、无人机操作和其他关键基础设施组件严重中断等场景。综上分析，国外网络安全应急演练的特征主要有以下三点。

一是演练形式丰富多样。从组织形式来看，应急演练包括桌面推演、实战演练及线上线下结合等形式。桌面推演通常是参演人员按照应急预案，利用流程图、计算机模拟、视频会议等辅助手段，对事先假定的演练情景进行模拟应急决策及现场处置的过程；实战演练则是参演人员模拟真实突发事件场景，完成判断、决策、处置等环节的应急响应过程，检验和提高相关人员临场组织、应急处置和后勤保障能力；线上线下结合主要是指线下培训和线上协作的演练方式，通常结合了桌面推演和实战演练的内容。

二是演练规模不断扩大。"网络风暴"参与者从 2006 年的 32 个政府部门、2 家公司，发展到 2018 年的 9 个政府内阁核心部门、32 个州、2 个盟国、超 70 家私营企业和协调机构。2012 年首届"锁定盾牌"参演国家为 12 个，2014 年达到 17 个，2018 年增加至 30 个。

三是演练越发重视实战能力。2017 年美国"网络夺旗"演练参与方增加了网络安全服务提供商（CSSP），要求发生网络安全事件时及时做出响应，强调及时响应能力。"网络风暴"演练重点强调全面检验政府机构、私营机构面临攻击时的灾难恢复等能力。"网络风暴"同时也是一个由多个国家、多个联邦政府部门、多个安全服务机构和多个私营企业共同参与的协同演练，它着重考察跨国家、跨部门、跨机构的关键基础设施安全事件协调响应能力。

习近平总书记在中央政治局第十九次集体学习时强调，应急管理是国家治理体系和治理能力的重要组成部分，承担防范化解重大安全风险、及时应对处置各类灾害事故的重要职责，担负保护人民群众生命财产安全和维护社会稳定的重要使命。要发挥我国应急管理体系的特色和优势，借鉴国外应急管理有益做法，积极推进我国应急管理体系和能力现代化。近年来，我国高度重视，工业信息安全逐步加强工业信息安全顶层设计。《网络安全法》《国家网络安全事件应急预案》相继出台，进一步强调了应急演练工作的重要性。工信部发布的《工业控制系统信息安全防护指南》《工业控制系统信息安全事件应急管理工作指南》《工业控制系统信息安全行动计划（2018—2020 年）》《加强工业互联网安全工作的指导意见》等多份文件对工业信息安全提出一系列要求，为我国工业信息安全保障工作提供了强有力的政策支撑。在国家层面，为落实《工业控制系统信息安全事件应急管理工作指南》中关于定期组织应急演练的要求，提升工业控制系统信息安全事件应急处置能力，预防和减少工业控制安全事件造成的损失和危害。2017 年 9 月，工业和信息化部在河钢集团宣钢公司开展国家工业控制系统信息安全事件应急演练，本次演练从模拟宣钢公司能源管控系统受到网络攻击展开。2019 年 9 月，工业和信息化部网络安全管理局组织国家工业信息安全发展中心和相关工业企业、网络安全企业，在湖南长沙成功举办了工业互联网安全演练活动，针对典型生产系统等真实场景，围绕工业互联网安全中涉及的设备、控制、平台、网络和数据安全等方面开展实战演练。除国家层面组织的应急演练外，河北省、江苏省、山西省等多个地方也都积极组织了属地内的应急演练活动。2019 年 5 月，河北省工业控制系统信息安全事件应急演练观摩会在石家庄市君乐宝乳业有限公司成功召开，应急演练以君乐宝公司工业控制系统遭受网络病毒攻击，引发工业生产中断为背景，重点演练了工业企业快速响应、政府企业应急联动、技术队伍现场处置等内容。2019 年 9 月，山西省工业控制系统信息安全应急演练在孝义市举行，演练以孝义鹏飞实业有限公司信息系统遭受网络攻击，引发工业生产中断为背景，也是重点检验了工业企业快速响应、政府企业应急联动和技术队伍现场处置能力。2019 年 11 月，江苏省工业和信息化厅在苏州举办了工业控制系统信息安全应急演练，参演方模拟黑客组织对亨通集团下属生产线的工业控制系统进行了多轮次多手段攻击，企业技术保障人员和应急支撑机构在省工业和信息化厅和苏州市工业和信息化局的指挥下，有序完成处置工作，并做好对受攻击工业控制系统的加固，顺利完成了演练的各项目标任务。电力、石化、烟草等行业内的网络安全应急演练也在逐步深化推进。相对其他国家而言，我国工业信息安全事件应急演练工作起步较晚，相关配套的政策文件还在不断完善。目前的演练形式还在不断探索，除了桌面推演和实战演练，还有待在实战中进一步探索。演练的规模也有待扩大，以应对更加复杂和更加庞大的工业信息安全威胁。除此之外，专业应急人员数量无法满足工作需要与应急保障能力薄弱等问题也较为突出。

2019 年工业和信息化部组织技术专家，在食品、钢铁、装备制造、智能制造等关系国计民生、国家安全的重点行业中，遴选了具有代表性的企业开展工业信息安全应急演练和专题培训。这为企业做好工业控制系统信息安全事件应急管理相关工作，建立健全工业控制信息安全应急工作机制，预防和减少工业控制安全事件造成的损失和危害，保障工业生产正常运行提供了指导。国家工业信息安全发展研究中心先后参加河北省工业和信息化厅、宁夏回族自治区工业和信息化厅举办的工业控制系统信息安全事件应急演练观摩会。工业信息安全应急演练以模拟某工业控制系统遭受挖矿木马入侵，感染挖矿蠕虫病毒，造成系统卡顿、工业生产中断、影响企业正常生产为背景来展开。2019 年 6 月，由河北省邢台市工业和信息化局主办的邢台市工业控制系统信息安全事件应急演练观摩会在中钢邢机公司举办，演练模拟了中钢邢机某工控系统感染挖矿木马病毒，导致企业工控系统运行异常甚至死机，严重影响企业生产。2019 年 9 月，由工业和信息化部网络安全管理局组织，针对三一集团有限公司内部网络与信息系统、根云平台、部分典型装备生产线进行的工业互联网安全演练在长沙成功举办，演练借鉴国内外各类主流攻防的成熟经验，覆盖从工业互联网攻击方的信息收集、资产发现、渗透、获取控制权，到防守方的应急处置、溯源、加强防护手段等各重要环节展开。

工业信息安全应急演练围绕从上到下的预警响应和从下至上的应急处置两大主线开展工作，从监测发现、分析研判、预案启动、恶意攻击定位、技术处置、漏洞查找修复、信息上报等环节，综合运用多媒体展示、虚实结合等技术手段，展示了各工信主管部门、企业、专家队伍和技术队伍对工业控制安全事件的组织指挥、协调配合、快速反应和高效处置能力。

案例介绍

2021 年 10 月 12 日，江西省工业控制系统信息安全事件应急演练在江西上饶市成功举办。演练以《国家网络安全事件应急预案》《工业控制系统信息安全事件应急管理工作指南》《江西省工业控制系统信息安全事件应急处置预案》为依据，以晶科能源公司组件生产车间工业控制系统遭受典型高危勒索病毒 REvil 攻击，引发生产中断为技术背景，以桌面推演＋实战处置＋两地联动

＋图文展示的组织方式，综合利用音视频、视频连线等多媒体手段，开展应急处置桌面推演与实战技术相结合的工业控制系统信息安全事件应急演练。江西省工业控制系统信息安全事件应急演练环节和应急演练流程如图 5-4 和图 5-5所示。

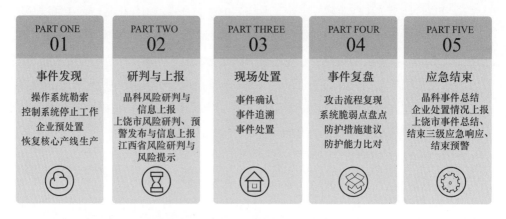

图 5-4　江西省工业控制系统信息安全事件应急演练环节

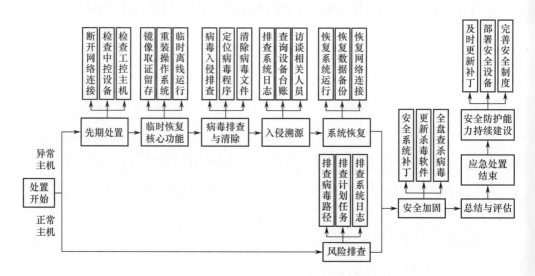

图 5-5　江西省工业控制系统信息安全事件应急演练流程

通过本次演练，全景式、多角度地展示了工控安全事件报送、研判、通报、预警、应急指挥等协调联动处置流程，结合国家、工信部及江西省应急预案的具体要求，帮助地市工业信息主管部门、工业企业熟悉掌握应急预案，提升安全意识和防护能力，锻炼应急事件的组织指挥、协调配合、快速决策和事件处置能力，完善了政企协同联动机制，也为其他企业开展工业控制安全事件应急处置提供参考。

六、应急处置

（一）现场取证

取证是为了尽可能多地获取现场相关数据信息，涉及工作站、网络设备、安全设备、控制设备等工业控制系统现场相关设备。所有的取证数据均以哈希码进行登记，在最后的完整性、可靠性校验时提供必要的比对数据。

现场取证通过对应的数据取证、采样软件自动完成文件数据提取等方式完成工作。取证功能包括人员访谈、证据固定、痕迹提取、系统采样、安全检查等。

（二）事件分析

对现场取证工具获取的日志信息、系统采样信息、后门信息、现场访谈数据等进行汇总，进行数据整合关联分析。通过分析安全事件过程，并串联关键事件的方式，达到安全事件分析的目的。通过进行样本分析、痕迹分析、溯源分析，形成包含攻击源、攻击手法、攻击路径、攻击过程在内的应急处置事件分析结果。应急处置实施人员应将事件分析结果上报上级部门，由上级部门确认应急处置结果。

案例介绍

1. 某汽车零部件生产企业遭受勒索病毒攻击

1）场景回顾

2018 年 7 月 17 日，某知名汽车零部件生产企业工业生产网络遭受"永恒之蓝"勒索病毒的攻击，酸轧生产线一台 Windows Server 08 R2 主机出现蓝屏、重启现象。当日晚上，四台服务器出现重启，现场工程师通过查阅资料，对病毒进行了手动处理。从 2018 年 9 月 10 日开始，各条生产线出现大量蓝屏和重启现象，除重卷、连退生产线外，其他酸轧、包装、镀锌生产线全部出现病毒感染、蓝屏 / 重启现象。此时，病毒已对正常生产造成严重影响。2018 年 9 月

12 日，该企业联络工业互联网安全应急响应中心对事件进行全面处置。

2）问题研判

经过对各生产线的实地查看和网络分析可知，当前网络中存在的主要问题有：

（1）网络中的交换机未进行基本安全配置，未划分 VLAN，各条生产线互通互联，无明显边界和基本隔离。

（2）生产线为了远程维护方便，分别开通了三个运营商 ADSL 拨号，控制网络中的主机在无安全措施下能够访问外网。

（3）控制网提供网线接入，工程师可随意使用自己的便携电脑接入网络。

（4）U 盘随意插拔，无控制制度及管控措施。

（5）人员安全意识不高。

（6）IT、OT 的职责权限划分不清晰。

3）处置方案

攻击目标是经过精心选择的，承载了核心业务系统，客户一旦遭到攻击需要缴纳赎金或者自行解密，否则将导致业务瘫痪。以"处置不对工业生产造成影响或最小影响"为原则，首先检查镀锌生产线服务器，然后进行病毒提取，停止病毒服务，手动删除病毒。对于在线终端，第一时间推送病毒库和漏洞补丁库更新，及时采取封端口等措施，避免再次感染。

2. 某大型炼钢厂遭受挖矿蠕虫病毒攻击

1）场景回顾

2018 年 10 月 31 日，某工业安全应急响应中心接到该炼钢厂电话求助，称其工业生产网络自 10 月起各流程工艺主机遭受了蠕虫病毒的攻击，出现不同程度蓝屏、重启现象。早期在其他厂区曾出现过类似现象，2018 年 10 月 18 日，该炼钢工厂出现主机蓝屏重启，2018 年 10 月 30 日晚间，蓝屏重启主机数量增多达到十几台。该炼钢厂安全管理人员意识到病毒在 L1 生产网络有爆发的趋势，厂区紧急配置了趋势杀毒服务器，并在各现场工控主机终端安装趋势杀毒网络版本进行杀毒，部分机器配合打补丁等方式进行应急处置。

2）问题研判

通过近两天的情况了解、现场处置，可以确认 L1 网络中感染了利用"永恒之蓝"漏洞传播的挖矿蠕虫病毒（WannaMine），OA/MES 网络主机既感染了挖矿蠕虫病毒，又感染了"永恒之蓝"勒索蠕虫变种。由于网络未做好隔离与最小访问控制，关键补丁未安装（或安装未重启生效），蠕虫病毒通过网络大肆传播与感染，导致蓝屏、重启事件。网内主机感染时间不同，网络规模庞大，因业务需要，外网主机可远程通过 VPN 访问生产网中的主机，进而访问现场 PLC；网络中存在多个双网卡主机，横跨 L1、L2 网络，进而造成整个 L1、L2、L3 实质上互联互通；因为传播感染有一定的时间跨度，被感染的主机亦可以攻击网络中的其他目标，所以无法进行全网全流量监控。由分析可知，挖矿蠕虫病毒、"永恒之蓝"勒索蠕虫变种通过某种网络途径，利用系统漏洞进入内部网络，由于内部网络无基本安全防护措施且互联互通，导致了病毒迅速蔓延扩散。

3）处置方案

对该炼钢厂 L1 生产网络中的多个流程工艺，包括转炉、异型坯、地面料仓、精炼、倒灌站等操作站主机进行了处置，病毒传播、蓝屏重启现象得到基本控制。部分主机已做过处置，对于其他主机做了确认主机是否存在挖矿蠕虫病毒或"永恒之蓝"勒索病毒的处置。对于存在挖矿蠕虫病毒的主机进行安装微软补丁处置。加强安全生产应急管理，建立完善的工业安全防护制度和统一方案，确保生产安全、连续、稳定。

3. 某半导体制造企业遭勒索软件攻击

1）场景回顾

2018 年 12 月 5 日，国内某半导体制造企业遭受勒索病毒攻击，其核心生产网络和办公业务网络被加密，导致生产停工。企业被要求给加密的主机支付 0.1 个比特币的赎金。

2）问题研判

通过对现场终端进行初步排查，发现客户终端主机被植入勒索病毒，导致无法进入操作系统。修复 MBR 后使用数据恢复软件恢复了部分文件，在部分机器上对日志进行分析，发现其存在域控管理员登录记录。经过排查，初步判断此次攻击事件由黑客入侵企业的备用域控，获得其账号密码，并在 bat 脚本中批量使用 cmdkey 命令来保存远程主机凭据到当前会话，随后调用 psexec 远程执行命令，向域中机器下发攻击文件进行勒索。在客户现场共提取了三个样本，update3.exe、update.exe、update2.exe，其功能分别为：将勒索病毒写入主机 MBR、使用类似 TEA 的对称加密算法加密文件、使用 libsodium-file-crypter 开源项目开源代码加密文件。因目前已有多家工业控制企业遭受该勒索病毒，且攻击者通过人工渗透的方式释放病毒，不排除攻击者会对其他已经控制的内网系统下手，故应及时做好安全防护工作。

3）处置方案

使用 PE 系统登入服务器，使用磁盘工具搜索磁盘，并使用安全工具恢复 MBR 即可解决系统无法启动的问题。对于已遭到病毒攻击的服务器下线隔离，对于未遭到病毒攻击的服务器在网络边界防火墙上全局关闭 3389 端口或 3389 端口只对特定 IP 开放；开启 Windows 防火墙，尽量关闭 3389、445、139、135 等不用的高危端口；每台服务器设置唯一口令，且复杂度要求采用大小写字母、数字、特殊符号混合的组合结构，口令位数足够长（15 位、两种组合以上）；安装终端安全防护软件。

总的来看，工业环境缺乏基本的安全防护和管理成为受到攻击的最主要原因。病毒攻击的目标——工业主机存在：缺乏必要的安全防护手段；网络结构划分不当，缺乏边界防护和网络流量监测手段；第三方运维准入、应急预案、应急演练、人员管理、安全意识提升等安全管理问题；等等不足。

第三节

工业信息安全应急管理新挑战

一、工业全球化挑战

互联网业已把全球变成了地球村。迄今全要素的全球配置已经密如蛛网，经济全球化客观基础异常坚固。因为第四次工业革命时代，互联网将被物联网取代，所以，对未来的预判需要有新的思考。第四次工业革命和任何一次工业革命一样，都是从科技重大突破开始的，由于所有的科技进步和突破，归根结底都大大提高了生产率，从而带来了生产力的新增长，生产力的新增长必然进一步突破国家和地域界限，进一步加速全球化。

中国工业化进程与经济全球化进程密切相关，中国充分发挥了自己的比较优势，深度参与了全球制造业价值链分工，在促进自身工业化进程的同时，也为世界经济增长和经济全球化进程做出了重要贡献，积极推进了全球包容可持续工业化进程。伴随着中国制造业的崛起，全球化出现了一些大变局，全球价值链出现了重大结构性调整趋势。

近年来，美国工业互联网、人工智能、云计算、大数据等技术的应用普及促使本土劳动生产率提高，发展中国家的劳动力成本优势正在不断被削弱。同时，页岩油技术革命让美国能源成本大大降低，由石油进口国转而成为世界主要的石油出口国，发展中国家能源成本优势难以持续。此外，国际金融危机后，美国等发达国家为了刺激本国就业和经济增长，大力推行量化宽松的货币政策，降低本国企业的资金成本，同时降低企业的综合税负，加之"再工业化"的"创新政策"支撑，发达国家的制造业环境得到巨大改善。

这种全球化大变局对未来中国工业化进程会带来极大不确定性，要实现第二个百年目标，中国要在坚决维护多边主义治理机制前提下，使未来工业化战略能够引领和适应这种全球化大变局。

二、新工业革命的挑战

20 世纪下半叶以来，以信息化和工业化融合为基本特征的新工业革命一直在孕育发展。从技术经济范式角度分析，这一轮工业革命呈现出以信息技术的突破性应用为主导驱动社会生产力变革、以信息（数据）为核心投入要素提高社会经济运行效率、以智能制造为先导构造现代产业体系等特征。

面对新工业革命的世界性趋势，新技术、新产业、新业态成为大国角力的竞技场。虽然中国等新兴经济体的科技实力增强，逐步缩小与世界先进水平的差距，但是主要工业强国依托各自传统优势，也在不断夯实新经济的产业基石。这都传递出清晰的政策信号：工业大国将进一步强化前沿技术和新兴产业等领域的政府作用，加大创新投入、融资支持等正向手段与针对竞争对手的投资审查、高技术出口管制等非关税措施并用，确保赢得新工业革命的产业竞争。

从近几年发展趋势看，5G、人工智能技术的加快突破及其大规模的商业化应用已经成为新工业革命的主战场，也必然是中国深化工业化进程的主战场。5G 是制造业和整个国民经济最重要的基础设施和底层技术，而人工智能将大大提升 5G 的商业应用价值，大大提高工业的研发效率、生产效率、工程化效率和商业模式的创新，成为改变制造业形态和结构的最重要动力。未来5G 及其商业应用将成为中国经济增长的重要新动能。

世界主要发达国家均把发展 5G 和人工智能作为提升国家竞争力、维护国家安全的重大战略。必须看到，新工业革命给中国工业化进程带来巨大的机遇，但这种机遇也是一个巨大挑战，必须积极迎接这种挑战，在这种大国博弈中，深化中国工业化进程，加速全面建设社会主义现代化强国。

三、工业基础设施挑战

随着智能制造全面推进，工业数字化、网络化、智能化加快发展，工业控制安全面临安全漏洞不断增多、安全威胁加速渗透、攻击手段复杂多样等新挑战。近年来，工业信息安全事件频发，冶金、能源、电力、天然气、通信、交通、制药等众多工业领域不断遭受安全攻击。

传统工业基础设施在维护自身安全上存在先天性不足。与互联网和移动互联网相比，建立在同样协议基础上的工业体系的运行环境极为确定。最初的设计完成后，这套体系在接下来几年中运行的程序、承担的职责极为固定，其计算资源、存储资源和网络带宽资源都非常有限，留给未知元素的系统预留冗余非常少。因为这些系统与互联网络分开，且每个操作都可能具有全局影响，也很少进行软件升级，所以很多对 IT 设备已经构不成威胁的攻击反而会威胁到工业体系的安全。

新兴的数字工业和工业互联网的安全问题也同样突出。因为大量采用标准化，通用 IT 技术，实现互联互通，所以工业系统天然的免疫力降低了，也使得病毒等攻击变得畅通无阻。而且多数数字化升级通常是分步骤进行的，不可避免地会出现新旧系统共生的情况，这更提高了工业安全防护的复杂程度。

近年来，工业基础设施的安全脆弱性被一再证明。2010 年的"震网"、2012 年的"火焰"、2015 年的"方程式"和"黑色能量"等都是针对工业控制系统的病毒。这些层出不穷的工业安全事件，尤其是针对关键基础设施的攻击，直接或间接威胁到国家安全。

第六章
工业新型基础设施安全应急管理

安全，是人类的本能欲望，是人生命中最基础、最本质的追求。"居安思危""安不忘危""防微杜渐"……在人们的观念中，安全往往和威险相对，想要长久实现安全，就需要对危险保持警惕。

新型基础设施建设（简称"新基建"）是数字化进一步深入的加速器，越来越多的政企业务运营在数字化之上，也带来更多的安全隐患。支撑"新基建"的5G、人工智能、大数据中心、工业互联网等新技术，既是创新发展的膨化剂，又是安全问题的催化剂。

第一节

"新基建"催生新的安全需求

2018 年年底，中央经济工作会议提出"加快 5G 商用步伐，加强人工智能、工业互联网、物联网等新型基础设施建设"，"新基建"的概念由此产生，并被列入 2019 年政府工作报告。2019 年两会期间提出除传统基础设施建设外，新型基础设施建设将承担更为重要的角色。2019 年 7 月，中央政治局会议提出要加快推进信息网络等新型基础设施建设。2021 年是中国共产党成立100 周年，是"十四五"开局之年，是开启全面建设社会主义现代化国家新征程起步之年，原本处于经济结构转型压力下的中国经济又遭受新型冠状病毒肺炎疫情的冲击，"新基建"作为重要的逆周期调节手段，在多次会议中被频繁提及。

　　"新基建"目前虽然还没有统一的定义，但其所指是明确的。"新基建"与传统基建（主要指铁路、公路、桥梁、水利工程等）不同，"新基建"具有鲜明的科技特征和科技导向，以现代科技特别是信息科技为支撑，旨在构建数字经济时代的关键基础设施，推动实现经济社会数字化转型。从更广义的角度上来讲，"新基建"还包括目前存量规模相对大部分传统基建行业较小，但未来增量空间较大的领域。根据中央系列重要会议和文献的相关表述，结合当前中国科技和经济社会的发展状况，"新基建"涉及的主要领域归纳为七个方面，即 5G 基建、人工智能、大数据中心、工业互联网、城际高速铁路和城际轨道交通、特高压、新能源汽车充电桩。基础设施具有强外部性、公共产品属性、受益范围广、规模经济等特点，其基础地位决定了相关建设必须适度超前，基础设施建设必须走在经济社会发展的前面，否则将会制约经济社会发展。"新基建"的意义在于惠民生、稳增长、补短板、调结构和促创新。

　　以 5G、数据中心、工业互联网为代表的"新基建"对经济增长的支撑作用不仅以扩大总需求的方式从规模上支撑我国经济增长，更重要的是能够以高质量、数字化的新型供给推进我国数字经济发展，为我国供给侧结构性改革创造了新动能。"新基建"作为国家经济发展战略显现出的强大动能，助力网络安全产业迈向新高度，同时也对网络安全提出了全新要求。

　　"新基建"拓展多元化应用场景，带来从"通用安全"向"按需安全"转变的新需求。"新基建"加速数字经济与实体经济融合发展，不断推动传统行业数字化转型，随之而来的是网络安全威胁风险从数字世界向实体经济的逐渐渗透。在此过程中，网络安全的内涵外延不断扩大，"新基建"网络安全保障需求从"通用安全"向"按需安全"拓展延伸。例如，数字孪生、网络切片等技术加速"5G+垂直行业"应用落地，智慧城市、智慧能源、智能制造等领域融合基础设施组网架构更新迭代周期各异、终端设备能力高低不一、数据流量类型千差万别，投射出千人千面的网络安全保障需求。工业互联网打破传统工业控制系统封闭格局，工业现场侧与互联网侧安全基准实现按需对接；数据中心加快云化整合，算力基础设施中海量资源集聚风险突出，与传统基础设施相比攻击容忍度更低，重要生产要素资源面临"一失尽失"的安全威胁。因此，在"新基建"背景下，网络安全的效能将不再由漏报率、误报率、抗 DDoS 攻击流量峰值等统一指标来简单衡量，而是需要构建场景化的按需安全能力供给模式。

"新基建"带动新技术融合应用，倒逼智能安全防御能力加速，"新基建"加速人工智能、区块链等新一代信息通信技术的落地应用。一方面，新技术本身的安全缺陷和安全隐患不容忽视。近年来，人工智能等新技术开源平台、开发框架屡次被曝出存在安全漏洞，导致其上开发的应用权限被控制、用户数据被窃取等事件频频发生。另一方面，新技术的融合应用较之传统技术而言在计算能力、传输能力、存储能力等方面大幅跃升，也可能诱发更加高效、更有针对性、难以发现和追溯的网络攻击，给既有网络安全防御规则带来了极大的挑战。例如，泛在技术在 5G、物联网等通信网络基础设施中的融合应用，驱动了大规模机器通信（mMTC）业务的不断成熟，构建了全连接的物物互联网络，网络攻击威胁范围也随着泛在技术的发展而急剧扩张。区块链技术防篡改、分布式等技术特性为存储和传播的有害信息提供了天然的技术庇护。人工智能技术可通过对数据的再学习和再推理进行数据的深度挖掘分析，导致现行的数据匿名化等安全保护措施失效，个人隐私变得更易被挖掘和暴露。随着新技术在"新基建"中的加速融合应用，网络安全也需要形成"以技术对技术、以智能对智能"的安全能力。

"新基建"加大安全边界泛化程度，催生"紧耦合"的一体化安全需求。在"新基建"浪潮下，传统基于物理界限、实体域划分的安全边界概念快速模糊泛化。例如，5G 打造了"通信网络基础设施＋网络切片＋业务平台＋垂直行业应用"的深度融合新业态，运营商网络环境与垂直行业应用场景间的安全边界加速泛化。物联网依托智能感知、泛在接入等技术，实现人与人、人与物、物与物之间无障碍的信息获取、传递、存储、认知、决策与使用，带来了网络形态的持续快速变化，加剧了网络安全边界变化延伸的不可预测性。虚拟化技术的全面应用推动新型基础设施建设的开放性和服务化进程，也使得传统基于实体隔离的安全边界划分方式不再适用。在"新基建"时代，面临深度融合、快速变化的外部环境，先建设再定界、先定界再加固的传统安全防护模式将加剧网络安全攻防不对称性，防御方若一味跟随式被动应对，将难以形成高效快捷的安全防线，须进一步将网络安全工作前置，打造一体化安全能力。

"新基建"重塑网络安全生态，推动构建以能力为导向的协同安全局面。随着"新基建"战略部署进程的不断深入，运营商、云服务商、行业用户等各相关方将跳出传统的单一供需关系，形成"你中有我、我中有你"的融合发展局面。例如，5G通过网络能力开放，将业务路由、计费、拥塞控制等网络功能，以及鉴权认证等5G安全能力开放给上层应用和业务，打通了移动通信网基础业务能力与第三方服务间的流通通道，利用网络切片技术在统一的基础设施平台上实现逻辑隔离、定制化、端到端的网络切分，通过在不同网络切片上动态分配网络资源和能力，延伸了通信行业与OTT公司（OTT是指互联网公司越过运营商，发展基于开放互联网的各种视频及数据服务业务）业务合作的模式。随着网络建设、业务供需等模式的转变，运营商的安全责任范畴逐渐拓宽，行业用户的安全参与度变得更高，安全企业也从单一的安全产品、安全服务的提供商转变为网络安全基础设施的建设者，甚至是具备安全属性的新型基础设施建设者。在"新基建"背景下，各相关方安全角色的变化将打开全新的网络安全协同局面。

第二节

工业 5G 安全应急管理

一、工业 5G 安全概述

5G的G是英文Generation的缩写，翻译为"代"。5G是指第五代移动通信技术，也是最新一代的蜂窝移动通信技术。与4G相比，5G具有更快速度、更大连接、更低时延和更高可靠性的优势。在5G网络下，两三秒就可以下载一部高清电影，数据传输仅有毫秒级的延迟，即使在目前速度最快的高铁上也能保证网络的稳定，百万级的物品互联开启万物互联时代。

随着5G商用部署的加快推进，5G网络安全能力建设迫在眉睫。虚拟化、切片式、开放化的核心网架构及eMBB（移动宽带增强）、uRLLC（超高可靠超低时延通信）、mMTC（大规模机器通信）等新兴应用场景对5G网络安全提出了更高的要求，迫使网络安全能力重构升级。

一是全新的网络架构和应用场景呼唤整体化的解决方案。在低时延业务领域，基于单点的错误判断、时延或失效的预警响应都有可能引发灾难性后果，有效的网络安全防护需要基于更全面的安全洞察、更及时的安全预警和更精准的应急响应。通过多源情报汇聚、深度关联分析、有序应急协作实现安全能力的有机整合，提供整体化的解决方案将会成为5G安全需求的新趋势。

二是虚拟化安全是5G安全的核心堡垒。SDN/NFV（软件定义网络/网络功能虚拟化）等虚拟化技术赋予5G按需服务等新特性，也改变了传统网络中基于功能网元物理隔离的保护方式。虚拟化以后，网络配置、网络服务控制、网络安全服务部署等管理功能高度集中于SDN/NFV控制平面，成为网络控制的"大脑中枢"，需要构建包括容器安全管理、NFV安全防护、SDN控制器安全防护、NFV基础架构安全防护等由点及面的虚拟化安全防护体系。

三是云边协同构筑从核心到边缘的安全防线。因为5G网络充分利用云化技术部署集中化、大区化核心网，同时为支持低时延业务场景，采用边缘计算等技术将核心网控制功能下沉至网络边缘，所以也带来了云端和边缘的安全协同，以及将安全特性和功能直接嵌入边缘的安全新需求，以充分保障云平台、边缘计算平台、接入终端和应用安全，实现从核心到边缘的全程访问保护。

5G在一些重点行业/领域应用的技术，可以产生具有广泛应用前景且提升行业领域本质安全水平的新技术和新方法。例如，"5G+煤矿生产"技术：通过5G技术实现对煤矿设备的控制，包括采煤、掘进、运输、提升、排水、供风、监测、监控等设备的无人操作，支持建设无人采煤工作面建设，从而形成"无人"矿井（矿山），甚至可以通过5G技术实现对高危场所应急救援、应急处置设备的控制，实现高危环境现场应急处置的"无人化"。

"5G+应急管理"技术是将大带宽、高速率、低时延、高可靠、超大连接的5G技术应用于应急管理，解决应急管理工作中的"网络切片"和"边缘计算"的关键技术问题，通过实现"万物互联"，在推动各行各业数字化转型的同时，提升应急管理的数字化、信息化、智能化和科学化水平，以提高设备、系统、工艺的本质安全化水平，以及应急管理的效能。

二、工业 5G 安全应急管理面临的挑战

5G 网络快速发展带来的新型网络安全风险日益凸显，区别于传统网络安全风险，在安全应急管理方面带来的挑战主要体现在以下方面。

一是安全保护范围大幅增加。随着以 5G 为代表的新基建的快速发展，接入的设备和终端将大幅增加，未来物联网设备数量很可能是计算机终端的数百倍，任何一个接入的设备都可能成为网络攻击的入侵点，因此 5G 使得网络攻击潜在对象增加。在"5G+ 物联网"的场景下，因为海量物联网设备暴露在户外，无人值守，成为黑客攻击和控制的对象，所以会面临大量的网络攻击。这将导致 5G 网络应用中需要安全保护的范围相比传统网络架构呈倍数级增长，甚至无法明确保护边界，这也使整个网络的攻防实力变得更加不均衡。

二是安全问题影响更为深远。随着 5G 技术广泛应用于远程办公、远程医疗、线上教育、车联网等生活场景，网络攻击将从数字空间延伸到物理空间，不但会影响系统和服务的正常运行，还会造成大量隐私数据的泄露，更严重的甚至影响财产和生命安全。例如，远程办公和线上教育大范围开展，使得大量个人和商业的隐私数据、视频图像等充斥在网络中，数据的安全保护成为急切需要解决的问题；在车联网的场景中，如果发生针对车辆的网络攻击，就有可能导致大面积的交通事故甚至人身伤害；在智慧医疗的场景中，如果通过网络入侵 CT 机远程手术过程中遭受非法控制就会直接影响手术的成败和患者的生命安全。可以说，基于 5G 网络的在线购物、交通、医疗、办公等生活模式越深入百姓生活，网络安全问题会更加普遍和严峻。从长远来看，网络安全问题会直接影响我国数字经济的正常运行，从而影响到政府、企业和个人。

三是攻击方式复杂多样。随着 5G 网络等数字基建的开展，数字化系统和服务范围将更加开放，呈现边界模糊化、攻击面扩大化的特点，而数字基础设施对攻击者高价值的吸引，使其必将采取更为高级的手段进行攻击，防御者面临内忧外患的局面。从外侧来看，犯罪分子不断更新攻击工具、攻击方式，使用新型工具包和云技术来攻击运营商的网络基础设施、应用服务及终端用户，安全风险还会涉及与电信行业紧密关联的其他行业，随着 5G 网络规模的扩大，这种风险将呈指数级增长。从内侧来看，随着数字经济效益的逐渐显现，

从内部发起攻击的可能性会大大增加，不但很难被防御者发现，而且难以判断攻击来源、攻击目标，攻击方式及攻击时间，这对系统整体的安全要求大大提高。同时，为了保障数字经济的可持续发展，还需要保障安全防护能力和业务系统的可用性平衡，以便在复杂网络威胁形势下能够有效保障数字化业务的平稳运行。

四是"单兵作战"完全失效。由于国家经济活动逐步转向虚拟空间，无论是网络安全攻击方还是商业竞争者，数字基础设施都将成为其长期盯守的平台。在经济利益、政治利益驱使下，网络空间对抗会更加激烈，这已不单是企业和组织可以解决的问题，还需要汇集国家监管机构、数字基础设施运营者、安全行业等多方力量，形成合力，共同应对。

第三节

工业人工智能安全应急管理

一、工业人工智能安全概述

人工智能的概念最早在 1956 年的达特茅斯会议上被提出，根据中国电子技术标准化研究院在 2018 年 1 月发布的《人工智能标准化白皮书》，人工智能是指利用数字计算机或者数字计算机控制的机器模拟、延伸和扩展人的智能，感知环境、获取知识并使用知识获得最佳结果的理论、方法、技术及应用系统。近年来，人工智能产业发展迅速，全球许多国家都在利用人工智能技术占领新一轮科技发展的制高点，人工智能的快速发展主要归因于三点。

一是云计算、物联网和大数据技术的日趋完善，为人工智能提供了丰富的数据资源，并提高了算法与学习的有效性。

二是随着后摩尔时代的到来，计算技术硬件成本降低，运算时间大幅缩短，提高了人工智能的效率。

三是基础硬件、算法和平台的更迭，降低了人工智能的错误率，大幅提升了 AI 算法的准确性与有效性。

2016 年 5 月，国家发展改革委、科技部、工业和信息化部、中央网信办制定了《"互联网＋"人工智能三年行动实施方案》，2017 年 7 月，国务院印发《新一代人工智能发展规划》，同年 12 月工业和信息化部推出《促进新一代人工智能产业发展三年行动计划（2018—2020 年)》。2018 年，北京、上海、重庆陆续出台人工智能产业支持政策，我国正在加速推动人工智能产业发展。近年来密集出台的一系列人工智能行动规划，将人工智能融入工业体系提高到了新的高度。人工智能是我国新一代信息技术的核心之一，是推动科技变革和产业变革的重要抓手，目前我国人工智能技术体系已经逐步形成。基于数据、计算系统技术和芯片的基础性技术持续突破，各行业百花齐放，边缘智能技术快速突破，"产学研用"技术联盟共同开发，算法理论、开发平台、开发框架与应用软件日趋完善，产业链逐步形成，融合应用成效突出，在制造、交通、医疗、安防、教育、金融、家居领域成效显著。

二、工业人工智能安全应急管理的应用

我国人工智能产业存在发展不均衡，基础支撑层特别是芯片领域短板明显，与国外先进技术仍有 5 ～ 10 年的技术差距。在软件算法层面，技术创新速度与应用配套速度不匹配，人工智能标准欠缺，产业协同创新的局势尚未形成。人工智能当前处于依赖海量数据样本的有监督学习阶段，未来将以海量数据驱动模型学习、以认知仿生驱动类脑计算。在行业应用层面，产业链上下游环境建设尚不健全，仍存在较多问题与挑战。

工业信息系统已经历了五个阶段的演进，从最初的孤立封闭到协同开放的互联网架构发展。在应用端，生产厂家不仅仅局限于工业机械化，而开始转向智能化、互联网化和生态化的综合管理体系，在一定程度上希望实现逻辑隔离，实现工业设计网与生产网的双向互联。供应商需要将"向制造企业销售机械设备"转变为"向制造企业提供服务"，通过数据分析和配套智能体系帮助制造企业提高收益。安全产品要具备流内容解析、态势感知与行为预测等数据与场景双驱动的防护能力。现有的国家法规、措施、技术和产品无法完全满足这样的要求，研究人员基于现状，提出改进措施，实现工业设计网和工业生产

网之间的互联互通。人工智能虽然为工业信息安全系统的发展带来了问题和挑战，但也为其升级提供了新的解决思路。工业信息安全与人工智能结合，主要以数据驱动模型为主，在进行工业防护的过程中利用人工智能技术在各个防护阶段进行学习，构建系统核心算法、开发框架及相应的工业信息环境的识别、理解和交互。通过纵向结合，促进产业链的深层次融合，ICT 供给能力将产生质的飞跃。人工智能与信息安全的横向结合贯穿从消费到生产全产业链，助推实体经济的网络化、数字化、智慧化发展。人工智能在工业信息安全领域得到了初步应用，包括内容分析、安全域隔离、智能异常检测、漏洞预测与防护等诸多方面。

基于信息集成系统的内容分析：工业信息系统积累了大量的信息源与数据源，将多个信息源之间的内部日志和具有外部威胁情报服务的监视系统的信息进行集成，对其中高度相关的事件进行自动分类与梳理，可以显著提高安全运营中心的运营效率，增加数据的利用率，减少时延。

基于人工智能的安全域隔离：工业信息系统利用人工智能技术，可以有效利用大规模工业数据，实时监测系统面临的网络攻击，分析网络安全态势，检测恶意代码，减少工业控制系统误报等问题。

基于深度学习的智能异常检测：工业信息系统的良性运行离不开异常检测与处理，利用深度学习技术，可以分析内外部网络流量中海量元数据之间的相关性，对可能存在恶意活动的异常流量进行检测，实现异常与常态间的分类识别。

基于自主学习的漏洞预测与防护：针对工业信息系统中的各类风险，结合深度学习及强大的数据库分析能力，开发智能化事件响应系统。当遭受攻击时，系统能够识别切入点，修补漏洞，优化安全防护体系，进行漏洞预测、风险拦截与精准响应，减少企业的损失。基于人工智能的工业控制系统因其智能化、虚拟化、数字化及实时性等特点，能够更加高效地识别工业信息系统风险，隔离网络攻击，预警系统漏洞，监测异常信息，减少系统误报，梳理工业数据，加强系统效率，降低维护成本，减少企业损失，快速满足企业与行业的定制化需求，有着较好的应用前景。人工智能在给工业控制系统和工业信息安全带来更多技术上变革的同时，也存在诸多安全隐患。在人工智能 2.0 时代，应正视风险，理性看待人工智能的发展与应用。进一步发展和完善人工智能技术，人类才能拥抱更加光明和幸福的未来。

第四节

工业大数据中心安全应急管理

一、工业大数据中心安全概述

工业大数据中心对数据的管理和服务主要包括对企业运行中的各类数据进行接收、处理和存储。数据接收可实现接收多渠道和多种类型的数据，并能够实时批量接收数据。数据处理主要指标签化处理传感器数据，将资产数据和企业资源计划数据相结合。数据存储是指根据实际需要选择合理的存储方式。例如，传感器的实时数据由时间序列存储，图片数据由类文件对象存储，其他数据由关系型数据库存储。数据分析服务是指通过全面分析实时数据，对企业的设备状态、预防故障和优化生产等方面提出改进措施，并实现迭代提升，整合和分析历史数据，主要包括生产异常检测数据、事项处理、运行环境分析、界面分析、工作日志分析等多个项目，实现预测模型工业化发展，提升生产和经营效率。从技术层面来看，数据分析服务能够更好地满足企业和客户的实际需求，将专业化的数字信息转化为通俗的商业需求。

对于工业生产来说，其离不开机械设备和耗用能源，机械设备的正常运行直接决定了企业的生产效率。建立工业大数据中心进行有效分析，通过对设备的运行状态进行动态监控，能够及时发现问题并进行调整和维护，确保设备高效运行，降低生产能耗和成本，优化管理资产，最大限度地合理使用资源。开展库存优化管理，降低短期运营成本，提升设备的生命周期，确保及时供应关键资产的部件，全面提升生产效率。

工业大数据中心可用于获取、存储和分析生产数据。根据关键设备运行数据能够实时分析其运行状态，一旦设备异常，就可以立即进行预警，便于工程技术人员进行停机并检修，有效降低平均失效间隔，避免失效扩大。工业大数据中心具有极强的计算和分析能力，能够汇总设备运行或管道内检测所反馈的数据，对设备运行状态进行科学分析，及时发现安全隐患或可能引发严重事故的问题，采取有效措施进行处理，节省大量的人工检测时间；甚至可以预测发生问题的环节，以便提前做好应对措施，准备好修复所用物品，或者进行提前维护和保养，尽量降低设备失效或关键设备突然损坏的概率，避免引发严重的生产事故。

借助先进的大数据技术及智能机器技术，能够利用新的方法将机器、设备、网络和工作人员有机结合起来。利用物理分析法、预测法、机械自动、材料科学和相关学科的专业知识，构建机器和智能化系统融合运行的新模式，持续利用新型信息化技术做到智能化生产。收集生产数据后，通过大数据科学判断这些数据用于何处，才能提高数据的有效性，从而将预测和大数据分析密切联系，使机器和智慧相结合，提升机器的智能化能力，持续提高生产效率。

传统工业企业决策时通常以主要领导的经验为依据，建立工业大数据中心能够对传统的以管理者的理论、思想和经验为基础进行决策的模式进行改善。利用大数据精准的数据分析代替直觉和经验，避免因为数据问题导致决策重心绕回原有问题。对于领导者和企业员工来说，能够便捷地获取决策所需要的信息依据，从而大大增强了整体的决策能力。

二、工业大数据中心应急管理面临的挑战

工业大数据中心在为人们提供极大便利的同时，也无可避免地面临着极其严峻的安全挑战。如何保证工业大数据中心安全可靠运行，确保数据的完整性、机密性和可用性，成为亟待解决的问题。

（一）工业大数据中心的安全现状

工业大数据中心是现代社会的信息资源库，能够提供各项数据服务，它通过互联网与外界进行信息交互，响应服务请求。互联网的高度开放性，使得工业大数据中心成为互联网上的一个组成节点，同样也面临着其他节点受到的共同威胁：病毒、蠕虫、木马、后门及逻辑炸弹等。在少数别有用心的人眼中，工业大数据中心保存的各种关键数据是无价之宝。在经济利益或其他特定

目的的驱使下，这些人会利用种种手段对工业大数据中心发动攻击或进行渗透，并对工业大数据中心的关键数据进行非授权访问和非法操作。因此，可能带来对工业大数据中心关键数据的监听、窃取、仿冒和篡改，导致服务器运行缓慢、性能下降或死机，从而无法对外提供数据服务，甚至硬件被损坏，造成重大损失。工业大数据中心在网络中直接担负着汇总数据、整合数据资源、提供数据服务和维护全网运行等任务，是各种网络活动得以安全运行的基础，必须提供较快的响应速度，满足全时段提供服务的要求。

（二）工业大数据中心存在的安全缺陷

当前，工业大数据中心为应对种种安全威胁，采取了诸多安全机制和防范措施，主要有防病毒技术、防火墙技术、入侵检测技术和数据库安全审计，以保障工业大数据中心的可靠运行。这些技术通过不同机制来应对不同安全威胁，虽然取得了显著成效，但是从实践结果来看，仍然存在一些缺陷。

虽然工业大数据中心安装了不同类型的防病毒硬件或杀毒软件，但是，其安全不仅与防病毒有关，还与外来入侵检测与安全策略执行等方面有关，防病毒技术难以完全解决此类问题。

工业大数据中心安装软硬件防火墙后，虽然可以通过设定规则来阻止非授权访问，但是仍无法避免垃圾邮件及拒绝服务攻击的侵扰。

入侵检测技术是被动检测，在提前预警和主动预测方面存在先天不足，且难以精确定位入侵来源。

数据库安全审计虽然能够对工业大数据中心的工作过程进行实时跟踪和审计，有效监控网内和网外用户对数据库的操作，但是目前这类安全审计仍然存在系统智能化程度低、无法进行实时监测和及时报警、审计日志可以被攻击者恶意删除，以及筛选有用信息极其困难等缺点。

（三）工业大数据中心面临的安全挑战

1. 工业大数据安全风险

数据是数字经济时代的核心生产要素，工业大数据中心则是大数据全生命周期的关键载体。大数据从采集、传输、存储、处理、交换直至销毁，任何环节都需要依赖工业大数据中心完成，工业大数据中心安全与数据安全紧密相连。工业大数据安全风险主要来自以下两个方面。

一是来自外部的数据窃取或篡改风险，攻击者往往利用各种手段突破工业大数据中心安全防护措施以获取内部访问权限，一旦攻击成功，海量数据将直接暴露在攻击者面前。2017 年，美国五角大楼部署在亚马逊云上的数据库配置错误被攻击者利用，导致美国国防部在全球社交媒体平台收集的 18 亿条用户个人数据被公开。

二是来自内部的数据泄露风险，如果工业大数据中心未采取有效的数据访问权限管理、身份认证管理、数据利用控制等措施，不法分子就可以从工业大数据中心内部盗取数据进行贩卖，以换取经济利益。此外，随着数据价值的不断提高，数据滥用和违规共享的风险也值得进一步关注，工业大数据中心服务商作为数据的实际控制者，具备便捷接触用户数据的条件，如何为用户数据建立动态的信任边界成为数据中心解决数据安全问题的关键控制点。

2. 网络安全风险

DDoS 攻击仍是未来工业大数据中心所面临的主要网络安全风险之一，网络攻防的规模将更大也更具针对性。云计算、虚拟化等技术的进一步应用，使工业大数据中心面临的新型网络安全风险升级，主要体现在以下三个方面。

一是权限认证环境异常复杂。工业大数据中心为提高海量用户访问资源的便利性，在实现用户身份认证的自动化、便捷化同时也伴随着安全风险，入侵者可能利用租用的数据中心资源攻击认证入口，进而获取更大权限。

二是虚拟化模糊网络边界。工业大数据中心为最大限度地实现计算存储资源的智能分配，虚拟机将被动态地创建或迁移。若安全策略及防护措施不能及时匹配，则容易面临内部安全攻击。

三是分布式网络扩大了受攻击面。工业大数据中心采用分布式网络和SDN、NFV 等新型网络技术，存在分布式路由部署、域名配置复杂等特点，在调动资源完成相应计算需求的同时也扩大了网络的受攻击面。

3. 信息安全风险

工业大数据中心的发展和新技术的引入使传统的信息安全风险大大增加，主要表现在以下三个方面。

一是海量数据的集中存储为违法有害信息内容提供更加隐蔽的土壤，工业大数据中心对信息内容的监测处置能力将面临全新的挑战。

二是工业大数据中心的加速发展使越来越多的主体加入其建设和运营中，多方参与模式容易导致对第三方接入资源审核不严，为违法违规信息接入提供可乘之机。

三是随着内容分发、边缘计算、信息加密等技术的使用，信息内容监测、审核、处置难度将持续增大。

4．工业大数据中心配套设施安全风险

工业大数据中心配套设施主要包括配电和冷却等设施，如机柜的配电装置和功耗监控系统等，这些设施所使用的工控系统可能成为攻击者攻击数据中心所借助的跳板。攻击者利用这些系统的漏洞，通过非传统手段来威胁数据中心安全。此外，随着数据中心不断向智能化、自动化管理方向发展，智能物联技术为数据中心的冷却、电力系统和监控摄像机等基础设施提供了 IP 地址和网络接入能力。一旦接入网络且未纳入数据中心安全防护体系，智能物理设施就有可能成为攻击者潜入数据中心的新突破口。

第五节

工业互联网安全应急管理

工业控制系统广泛应用于能源、轨道交通、水利、工业、市政等国家重要行业领域，是事关国家命脉的重要关键基础设施。针对工业控制系统的攻击甚至可能引发灾难性事故，工业控制系统已逐渐成为挑起政治争端的新攻击目标。现有工业控制系统在设计之初偏重于功能实现而缺乏足够的网络互联互通和网络安全规划，大量应用了私有通信协议进行数据传输交互，而私有通信协议缺陷及软件安全漏洞在开放网络环境中会逐渐暴露，并与传统互联网安全问题相叠加，成为工业控制系统解决方案的安全性和脆弱性风险。工业网络安全

产品和服务的市场在持续发展和扩大。

"新基建"筑牢基础并加速工业数字化转型，强化工业互联网建设、催生5G、IoT 等新场景出现。数字化转型时代，经济利益驱动网络攻击不断升级，关键基础设施和工业互联网保护面临更大挑战。

工业控制系统网络安全高危漏洞层出不穷。目前，工业控制系统安全漏洞类型呈现出多样化特征，对于业务连续性、实时性要求高的工业控制系统，无论是利用这些漏洞造成业务中断、获得控制权限，还是窃取敏感生产数据，都将对工业控制系统造成极大的安全威胁。同时，由于工业控制系统安全漏洞的修复进度较为迟缓，全球新增的工业控制系统安全漏洞数量显著高于修复漏洞数量。究其原因，一方面在于供应商漏洞修复工作的优先级别较低，还要受到软件开发迭代周期的限制；另一方面在于工业企业出于维持业务连续性的考虑，及时更新和安装补丁的积极性不高。

未来对工业互联网安全防护的思维模式将从传统的事件响应式向持续智能响应式转变，旨在构建全面的预测、基础防护、响应和恢复体系，以抵御不断演变的高级安全威胁。工业互联网安全架构的重心也将从被动防护向持续普遍性的监测响应及自动化、智能化的安全防护转移。

目前，暴露在互联网上的工业控制系统及设备数量有增无减，病毒、木马等网络安全威胁不断向工业领域渗透蔓延，制造、能源、化工等重要领域的工业信息安全漏洞高发。面对严峻的工业信息安全形势，全球大多数国家高度重视工业信息安全应急保障能力建设，纷纷开展应急预案编制、应急演练、安全培训、安全竞赛等活动。

工业互联网正在逐步发展，基于传统的工业控制系统及商业互联网思维向上下游进行拓展完善。结合应急管理与安全生产领域来看，其着力点已经放在工业控制系统的建设上，这也是工业互联网建设的核心。目前，已有大量企业通过运用 DCS、PLC 等控制系统进行生产过程控制，在部分城市，虽然已经实现对供电、供水、供气、交通路网、环境监测等行业领域及公共聚集场所的消防安全，建立了行业性的内部在线监控体系，但是这些系统还存在"信息孤岛"的现象，未能将涉及应急与安全生产的信息进行共享和人工智能分析，综合预测预警，也未能在更大范围发挥安全监控与应急处置的效能。对此，应急管理和安全生产相关部门已陆续提出关于危险工艺自动化控制、重大危险源自动监控、安全仪表控制系统等的细化要求和倡议，以促进企业融入工业互联网平台，实现数据共享及大数据分析与运用，使其从封闭走向开放、从流程优化走向组织变革，提高全要素生产率，推动安全、高效、健康发展。

第六节

车联网安全应急管理

一、车联网安全概述

车联网是由汽车、电子、信息通信、道路交通等领域深度融合形成的新兴产业形态，是培育新的经济增长点，加快新旧动能接续转换，落实高质量发展要求的重要载体。目前，我国已将发展车联网产业上升到国家战略高度，在国家相关政策标准的引领和指导下，车联网产业发展进入快车道，技术创新日益活跃，新型应用蓬勃发展，产业规模不断扩大。

车联网产业链主体更加丰富。随着智能化、网联化水平的不断提升，由整车厂商、传统一级供应商、出行服务商、车主/消费者，以及提供技术服务的算法/软件供应商、数据服务商/图商、车联网/通信供应商和芯片供应商等组成的完整产业生态基本形成。车联网产业结构如图6-1所示。

伴随联网车辆的加速渗透和连接能力的持续升级及全国各地路侧网络和设施平台的加速扩展，车联网安全风险亟须引起关注。落实车联网安全保障工作的责任主体主要包括汽车生产企业、路侧设施建设运营企业和第三方应用服务商。

（1）在汽车生产企业视角下，风险主要来自三个方面。

一是汽车自身网络安全，车载联网终端（T-BOX）、车载信息娱乐系统

（IVI）、软件在线升级系统（OTA）等设备和系统是网络攻击的重点对象，攻击者往往利用联网设备的系统漏洞进行跳板式攻击，进而干扰车内部件功能。

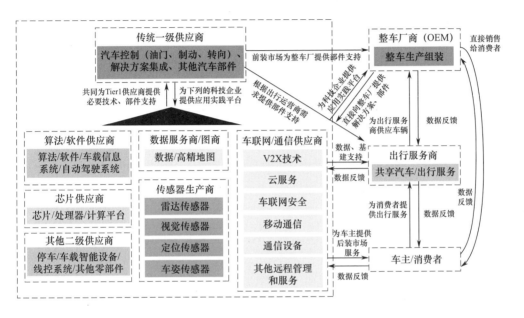

图 6-1 车联网产业结构

二是汽车通信安全，车内通过控制器局域网络（CAN）总线、车载以太网等技术实现车内部系统和设备间通信，车外通过车载诊断接口（OBD）无线通信技术（Wi-Fi、蓝牙、4G/5G、C-V2X 等）与外部实体和平台进行信息交互，攻击者通常利用身份认证或数据加密缺陷发起攻击，导致伪造、篡改、窃取等安全风险。

三是车联网服务平台安全，汽车与相关车联网平台连接获取服务，面临传统信息服务平台安全威胁，攻击者可以远程发起拒绝服务、暴力破解、恶意脚本注入等攻击。

（2）在路侧设施建设运营企业视角下，风险主要来自两个方面。

一是路侧设施安全包含摄像机、雷达、信号机、通信设备等，攻击者可以利用设备漏洞入侵并篡改信息，扰乱交通秩序。

二是业务服务系统平台安全，包括相关车联网云控平台、边缘计算平台等，攻击者可以通过其他终端设备的漏洞入侵平台，获取相关敏感信息。

（3）在第三方应用服务商视角下，风险主要存在于车端应用与第三方应用服务系统后台连接过程中，面临网络攻击、通信协议破解、代码反编译、用户数据窃取等安全威胁，如果第三方应用还涉及车辆控制功能，就可能存在车辆远程恶意控制风险。

二、车联网安全应急管理面临的挑战

车联网作为物联网在智能交通领域的典型应用，其产业链覆盖"两端一云"，主要围绕安全、智能出行和信息娱乐建设，涉及元器件供应商、设备生产商、整车厂商、软硬件技术提供商、通信服务商、信息服务提供商等。车联网产业链较长，网络安全防护对象多样，安全防护环节众多，不可避免存在某一环节，如元器件供应商，无法在产品中实现足够的安全防护，导致安全风险。同时，车联网还面临网络安全需求复杂，网络安全防护手段建设缺乏针对性和系统性等问题。

一是网络安全事件频发。据 Upstream Security 发布的 2020 年《汽车网络安全报告》显示，截至 2020 年年初，已有 3.3 亿辆汽车实现互联。可以预计，联网汽车数量将大幅提升，这将扩大网络攻击的潜在破坏力。针对联网汽车的大规模袭击可能会破坏整个城市，甚至导致灾难性的后果。在所有事件中，有 1/3 涉及无钥匙进入攻击，从汽车公司到消费者，人人都会受到影响。在过去 10 年中，汽车网络安全事件造成的后果位列前 3 名的分别是汽车盗窃、入侵、对汽车系统的控制，以及数据、隐私泄露。

二是政策法规体系有待完善。当前车联网产业发展迅速，车联网网络安全已经得到有关部门和业内的广泛关注，相关政策法规标准的研究制定工作正在积极部署推进。《中华人民共和国网络安全法》于 2017 年 6 月 1 日起正式实施，要求包括车联网运营商在内的网络运营者履行网络安全保护义务，提高网络安全保护水平，促进行业健康发展。2018 年 12 月发布的《车联网（智能网联汽车）产业发展行动计划》明确了"强化管理、保障安全"的基本原则，并从健全安全管理体系、提升安全防护能力、推进安全技术手段建设等方面作出部署。2020 年 2 月发布的《智能汽车创新发展战略》明确提出保障车联网网络安全产业的健康有序发展。在车联网用户个人信息保护、车联网数据安全管理、车联网重要数据出境等方面缺少政策抓手，要继续推动数据安全法、关键信息基础设施安全保护条例、网络安全漏洞管理规定等政策规范的出台落地，构建适应我国车联网安全产业发展的政策法规体系。

三是安全技术缺口依然存在。随着车联网网络攻击风险加剧，公众在期待智能汽车尽快落地的同时，也对其安全保障能力心存疑虑。车联网企业开展技术攻关和应用落地存在政策、资金等方面的障碍，完整的系统级安全解决方案建设有较大难度。首先，依然存在安全技术缺口。例如，在车联网检测技术方面，缺乏完善的安全测试方法和专业工具，缺乏专业的通信协议分析和威胁预警工具，对车联网运行过程中产生的数据缺乏有效的利用方法。其次，缺乏收益明确的应用场景，尚未形成覆盖应用场景的车联网安全保障体系。目前，虽然车联网技术相关企业通过挖掘漏洞，建立安全防护知识库，发布车联网安全防护情报等手段，正在加强自身车联网威胁预警、安全防护和应急处置能力，但是技术水平仍然有待进一步提高。

第七节

"新基建" 推动应急产业发展

一、信息化重大风险监测预警技术

基于 5G 技术可实现多维度、直观、快速的风险数据采集和传输；基于大数据、人工智能技术可进行多维度、多重、复杂变量构成的风险识别；基于5G、大数据、人工智能等融合系统安全理论和方法，可为解决现代社会的重大风险监测预警提供新的、可行的技术途径。现代重大风险监测预警需要解决以下四个关键技术。

（1）给已知重大风险做"画像"，按"画像"监测重大风险。

（2）对未知重大风险设立监测指标，以便监视危险。

（3）分析研判重大风险。

（4）快速、精准预警。

新一代信息科技支撑下的"战时"应急物资调度体系，应在重大灾难发生时，为确保人们基本的生活秩序，对供给必要的生活物资和足够的应急物资做出保障。但是，面对大型城市化、人口密度高的情况，进行巨量的灾难物资储备是不科学的，也是难以实现的。我国具有全球最完整、规模最大的工业体系，具有强大的生产能力和完善的配套能力，将这样的能力转化为"战时"的应急物资供给能力有巨大的制度优势，因此，将强大的应急救援物资储备体系与强大的"战时"应急物资调度体系互联互通是最佳的做法。新一代信息技术为强大的"战时"应急物资调度体系提供了技术途径，其应用 5G、大数据、人工智能、物联网等新一代信息技术，快速调度重大灾难发生时的物资，将"平时"的资源生产供给能力转变为"战时"的资源供给能力，以较快的方式配送到受灾区域的一系列技术，是迅速重构"战时"资源生产供给体系的关键技术。这些关键技术涉及：基于大数据、物联网、人工智能等的"战时"资源快速评估技术；基于大数据的"平时"生产能力转化为"战时"生产能力的识别研判技术；基于大数据、物联网、人工智能的"平时"物资储运、配送能力转化"战时"物资储运、配送能力的物资识别、运输、储存、配送技术。

二、"新基建"推动应急救援技术创新

"新基建"包括信息基础设施、融合基础设施、创新基础设施三个方面。创新基础设施是指支撑科学研究、技术开发、产品研制等具有公益属性的基础设施，如重大科技基础设施、科教基础设施、产业技术创新基础设施等。这样的"新基建"将加速适应时代的应急救援技术创新和应急管理科技创新能力建设。新时代的应急救援技术涉及：应对重大、特别重大事故灾难的应急处置技术，如处置特大火灾、特大水灾、大面积塌方、大范围电网失效、特大地震、特大瘟疫流行的应急装备；智能化应急救援技术，如处置隐蔽空间、救援人员难以到达事故现场的具有智能感知、智能判断、智慧决策的智能应急装备；快速投放使用的应急救援技术，如迅速组装、迅速投放、迅速调试、迅速发挥应急救援效能的应急装备；高效能应急救援技术，如实训高效、演练高效、应急处置高效，具备精准化、专业化、面向未来技术的高效能应急装备等。

三、"新基建"成为应急管理技术支撑

作为重要的基础产业和新兴产业，"新基建"在工业转型升级、城市"更新"中发挥重要作用，为提升工业生产体系和城市系统的本质安全化水平，解决应急管理重大技术问题提供了新的技术途径。同时，科学的制度体系建设对促进应急管理科技体制创新也具有重大意义。科技制度体制创新必将为应急管理技术创新注入强劲动力，有利于解决应急管理技术创新中的各种制度性瓶颈，使应急管理技术创新进入一个"爆发期"。此外，"新基建"将打破行业领域的"信息孤岛"，充分发挥数据作为生产要素的作用，这有利促进了应急管理工作的开展。"新基建"技术融合系统安全理论，催生很多应急管理技术问题解决的新途径，这将为国家应急管理体系和能力现代化建设、建立大国应急体系提供强有力的技术支撑。

第七章

全球工业信息安全应急管理

07 Chapter

爱因斯坦说："如果不改变思维模式，就无法解决我们用当前的思维所创建的问题。"如果我们还用老思路、老方法去做安全管理工作，显然解决不了工业信息安全问题。

当今世界，工业信息安全事件往往具有突发性、复杂性、危害性和高度不确定性等特点，如何有效防范和应对突发事件，加强突发事件的应急管理，最大限度地降低突发事件对人类社会的影响，是当下全球重点关注和研究的问题。

第一节

全球工业化国家应急管理模式

一、应急管理概述

提高安全生产应急管理水平不仅是企业的职责，也是各级管理机构和政府的职责，其管理目标的水准和实现目标的状况与企业乃至整个社会都息息相关。作为管理的重要分支，工业信息安全应急管理也需要相关管理部门和企业认真谋划安全生产应急管理标准，规范企业与外部应急信息连接与反馈，并给予严谨、细致的制度保障，切实实现工业信息安全应急管理的标准化。

国际上，应急管理多是以 Crisis Management（危机管理）的形式被实现。罗伯特·吉尔（Robert Girr）将其定义为最大限度地避免人类社会悲剧发生的活动。格林（Green）认为事态发展到无法控制的程度时，便演变为危机，在危机管理中最关键的因素是时间因素，最主要的任务是减少伤害和损失。作为管理体系中的重要组成部分，工业信息安全管理体系异常重要，尤其是对于企业而言，安全事故的影响深远，甚至会影响到企业的稳定发展，它是衡量一个企业健康水平的重要指标之一。

应急管理是指为有效应对突发事件，维护国家社会安全、保障人民群众的生命和财产安全，由政府或相关部门机构组织实施的一系列活动的总称，主要包括应急准备、应急响应、应急保障和善后恢复等环节。在现代化国家中，应急管理职能是公共管理职能的重要组成部分，应急管理职能和政治职能、经济职能一起，共同构成了现代化国家的基本职能。在工业化进程中，各国都非常重视应急管理工作，基本形成了具有各国特色的全方位、多层次和立体化应急管理体制。研究国外应急管理体制，可以为促进我国工业信息安全应急管理工作发展完善提供借鉴。

二、工业化国家应急管理模式探析

根据相关资料和研究成果，目前国外应急管理体制主要有三种：美国模式，突出州和地方政府的自主管理；日本模式，强调突发事件牵头部门的相对集中管理；英国模式，中央政府负责协调，地方实施，实行分权式管理。

（一）美国应急管理模式

美国是应急管理体制建立较早的国家，应急管理体制由联邦、州和地方政府（市、县、社区）三个层级组成。在联邦政府层面，应急管理工作主要由国土安全部负责。其下属的联邦应急管理局（FEMA）是联邦层面应急管理的综合协调机构，负责处理与重大灾害相关的防灾、减灾、救灾及民防工作，通过全过程应急管理，领导联邦政府各部门共同应对超出各州应对能力的重大事件，实现保护各种设施、减少人员伤亡和财产损失的目标。FEMA 成立于1979 年，2003 年并入国土安全部，其主要负责人由美国总统直接任命。在州及地方政府层面，均设有不同规模的应急管理专门机构，主要负责人由各州州长及地方政府领导任命。

在实际运行过程中，美国应急管理工作主要由州和地方政府承担，其拥有很大的自主权，一般灾害的应急指挥权也属于事发地政府。地方政府仅在无法应对灾害时才向州或联邦政府提出救援请求。接到救援请求后，州或联邦政府按照法律规定和程序，调用相应资源予以增援。此外，美国各州及地方政府通过签订应急互助协议等方式，建立较为完善的区域协调互助机制，确保一个地区在应对灾害时可以获取更多的应急救援支持。通过突出属地管理，美国建立了以州和地方政府为骨干和主力，以联邦政府为辅助的应急管理体制。

除以属地管理为主外，美国应急管理体制还有两个显著的特点，即分级响应和标准化运行。分级响应是根据事件的严重程度和公众的关注程度，在同一级政府的应急响应中，根据不同的响应级别实时响应。标准化运行指的是在整个应急响应过程中，包括人员调度、物资调拨、信息共享、术语代码使用、文件记录和发布格式等在内，都要遵循标准化的运行程序。

（二）日本应急管理模式

近年来，日本逐步建立了以首相为最高指挥官，由内阁官房负责整体协调和联络，由中央防灾委员会等制定对策，由突发事件牵头部门集中管理的中央、都道府县、市町村三级应急管理体制。

在中央一级，由中央防灾委员会负责制定防灾基本计划和防灾业务计划；在都道府县和市町村两级，由于日本实行地方自治制度，地方根据国家防灾基本计划的要求，结合本地区的特征，制定本地区的防灾减灾计划。

当重大灾害发生时，首相首先征询中央防灾委员会意见，然后决定是否在内阁府成立紧急救灾对策。总部进行统筹调度，并在灾区设立紧急救灾现场指挥部，以便就近指挥。内阁府作为应急管理中枢，承担汇总分析日常预防预警信息、制定防灾减灾政策及中央防灾委员会日常工作的任务。各类突发公共事件的预防和处置，由各牵头部门各司其职、各负其责，实行相对集中的管理。例如，内阁府牵头无明确主管部门负责事件的应急救援工作，经济产业省牵头生产事故的应急救援工作，总务省消防厅牵头火灾、化学品等工业事故的应急救援工作。

此外，日本全国 47 个都道府县、2000 多个市町村都签订了 72 小时相互援助协议。通过相互协作模式，日本联合防灾救灾和应急管理体制已经覆盖到基层组织。

（三）英国应急管理模式

英国作为西欧国家，频繁遭受洪水等自然灾害袭击。疯牛病等公共卫生突发事件、计算机千年虫等技术风险、伦敦地铁爆炸案等人为突发事件也使得应急管理在英国倍受重视。特别是，为确保 2012 年伦敦奥运会的安全，英国政府着力打造了快捷、有效的应急管理体系，积累了丰富的经验。

英国的应急管理体系是分权式的：中央政府负责协调，提供指导；地方政府具体负责对突发事件进行应对。尽管突发事件的规模或复杂程度不同，但大多数由地方政府进行处置，中央政府是不参与的。地方机构通常是最初的应急响应者，承担应急管理的主要职责。

在英国，应急响应者分为两类。

第一类主要是占据应急管理核心地位的部门或组织，包括应急服务部门（警察、交警、消防、医疗救护、海洋及海岸安全等）、地方当局（大城市的区、郡中的县或区、港口卫生部门等）、医疗机构（急救卫生部门等）、政府机构（环保部门等）。它们在应急管理中的主要职责如下。

（1）评估突发事件发生的风险并为应急规划提供信息。

（2）实施应急预案。

（3）实施企业持续性管理安排。

（4）实施相关制度，向社会公众提供国民保护事务信息，在突发事件来临时向公众发出预警、提出行动建议。

（5）与其他地方响应者合作，增强协调性，提高效率。

（6）向企业和志愿组织提供有关企业持续性管理的建议。

第二类主要是合作组织，起到辅助性作用，与第一类应急响应者合作并共享信息。它们主要包括公共设施部门（如供水、排水、供电、供气、通信等部门）、运输部门（如铁路、地铁、公交、机场、海港、公路等）、战略卫生部门及专门负责卫生与安全的政府机构。虽然这类组织很少参与应急规划，但是，当突发事件涉及本部门时它们要参与应对与处置。两类组织通过"地方弹性论坛"在地方层面实现合作与协调。

当突发事件造成更大的影响与人员伤亡时，英国中央政府就会加入该项应急管理工作中。当然，中央政府的协调和响应是通过主要负责政府部门来进行的。这时，内阁紧急应变小组启动，支持主要负责政府部门的协调与决策。

在英国的应急体系中，三个组织最为重要。

（1）国民紧急事务秘书处，它支持国民紧急事务委员会应对恐怖主义与自然灾害，设在内阁办公室内部，自成立以来，就是英国主要的应急管理组织。

国民紧急事务秘书处的核心目标是通过识别挑战、评估与管理突发事件、为未来的风险制定预案，提高英国的应急准备和响应能力，增强应对突发事件和灾害的弹性。

国民紧急事务秘书处的角色是在国民紧急事务委员会的领导下，形成跨部门、跨机构的合作与协调中心，使英国能够成功地应对灾害挑战并做到灾害恢复。

国民紧急事务秘书处介入应急管理后，通知相关部门，告知其应急战略。如果突发事件范围广，任何一个部门都不能响应或主要负责政府部门无法确定，则国民紧急事务秘书处就会指定一个部门作为主要负责政府部门。如果事件是因为恐怖袭击导致的，那么初始阶段的领导权归内务部恐怖主义与保护局拥有。在大灾发生后的紧急情况下，国民紧急事务秘书处与主要负责政府部门合作，负责以下事务：进行需求评估，支持需求满足；设定最坏情况，为突发事件的升级、后期保障及撤退制定预案；确保中心与其他相关单位获得信息，做好参与准备；确定管理响应的组织、节奏、程序和数据流，特别是促进部门资源及公共信息系统的提升；与可以提供专业建议及信息的部门保持联系，决定是否或何时向主席建议召开国民紧急事务委员会会议。

国民紧急事务秘书处与主要负责政府部门保持合作伙伴关系，在以下方面提供支持：制定预案；与其他部门合作；提高决策能力；开发预警系统；与其他核心部门共享信息；发展管理与专业技能，维护预案；检验既有的预案；持续性地完善预案。

（2）主要负责政府部门是根据突发事件情境类别进行认定的。国民紧急事务秘书处根据职责来制定主要负责政府部门名录。在紧急状态下，如果主要负责政府部门模糊，国民紧急事务秘书处就要做出决定，指定最适合的部门承担此项责任。

（3）内阁紧急应变小组是英国政府的主要危机管理机构，在国家级的突发事件发生时，予以启动、激活。当灾害影响大量的企业和政府部门，需要采取集体行动时，政府启动内阁紧急应变小组。它位于"白厅"内，会议在特殊的安全室内举行，参加人员包括首相、情报官员、国防部等部门的高官和其他大臣，以及伦敦市市长等要员，还包括主要负责政府部门的代表等。内阁紧急应变小组会议需持续到紧急状态平息，会议内容包括分析主要问题、提出解决建议，为进行有效的应对会议，配备必要的通信工具，以便迅速、有效地向相关部门传递信息。会议通常由首相或内政大臣主持，但也可以根据突发事件的规模、性质而变化。

突发事件往往不是任何一个机构或组织可以单独处置的，它需要很多机构的参与合作。对地方多机构响应与恢复的管理是通过国家综合性救援框架进行的，该框架确保框架内的所有机构知晓、理解自己在响应与恢复行动中的角色和责任。它包括三个层面，功能彼此区分。

（1）战斗层面：要求在突发事件现场或其他影响区域，管理需要立即展开的处置工作。现场响应者及相关机构必须共同行动，与其他部门协同形成合力。在战斗层面，响应者立即采取行动，在责任区域内根据特殊的任务要求，提供可能的支持。

（2）战术层面：为了实现效能的最大化，需要在战术层面确保战斗层面所采取行动的协调与整合。在突发事件中，战术层面的指挥官应在现场附近建立指挥点。

（3）战略层面：由相关组织与机构的高级指挥官组成战略协调小组。他们为战术层面的指挥官建立工作框架、制定政策。通常，由警察占据战略协调小组的主导地位，但根据灾害类型与规模的不同，其他机构也可能取而代之。

三、工业化国家应急管理体制的共性

（一）统一领导与协调联动并举

对于应急管理工作，国外基本都由政府首脑担任最高领导，成立国家层面的管理机构并进行统一协调管理。例如，美国应急管理体制以总统为核心，以国土安全部为决策中枢；英国和日本由首相和内阁首相作为应急管理的最高指挥官。由国家最高领导统一指挥应急管理工作，能较好地树立权威、调动资源并妥善处置。此外，美国、日本、英国等国家均设立了中枢机构，采取纵横结合的网格式应急管理模式，注重地方管理体制系统与中央管理体制系统的对接，提升了紧急状态时的社会整体联动能力。

（二）全过程管理和关口前移并行

工业化国家注重将灾害事件的预防与应急准备、监测与预警、应急处置与救援、事后恢复与重建等职责统一起来，真正实现了灾害事件预防、应对和恢复的综合性及全方位性功能。同时加强关口前移，强调风险管理的重要性，从以事件管理为主向事件管理与风险管理并重转变。例如，美国推行国家战略风险评估，从更基础的层面避免或减少威胁国家和公众的事件发生；在英国，由内阁国民紧急事务秘书处制定"国家风险评估"工作规程，确定 5 年内的风险并绘制 80 多个危害和威胁风险矩阵，提升政府部门的应急准备能力和决策能力。

（三）行政管理与社会化服务并存

在横向管理组织体系方面，注重发挥国家层面的应急协调能力。在纵向管理体系方面，注重发挥地方的管治作用与调动社会力量的参与。

在主要发达国家，非政府组织、私人组织及民众力量参与应急救援的情形非常常见。例如，美国特别注重发挥红十字会、红新月会、救世军等慈善性组织的作用，成立"全国灾害志愿行动组织"，通过合作、沟通、协调、协作的方式参与到灾害事件救援中；日本《灾害对策基本法》明确了地方公共团体、区域公共团体、防灾重要设施的管理者及市民在防灾上的责任。

（四）制度建设与程序化运作并重

经过长期的发展和完善，工业化国家持续加强应对突发事件的制度和法规建设，遵循流程管理思想，形成了包含监测预警、信息报告、应急处置、反馈评估、协调联络和社会动员等在内的制度体系。同时，加强制度的程序化运作。例如，美国应急现场指挥官的确认工作遵循以下程序：如果突发事件只与一个单位有关，就由最先到达现场的资深应急管理人员或事发辖区的主管担任；如果突发事件涉及多个单位，就会根据法律规定来指定指挥官；如果突发事件范围较大或较复杂，就由负责单位指派级别和资历更高人员接替先前人员担任现场指挥官，同时，先前的现场指挥官应提交一份现场应急工作开展情况的完整简报，并将指挥权限交接告知所有应急管理参与人员。这种程序化运作方式避免了负责人之间的推诿扯皮，在抢救生命、减少损失、消除恐慌和恢复秩序等方面具有重要作用。

四、对我国应急管理工作的启示

"他山之石，可以攻玉"。近年来，工业化国家的应急管理工作取得了较大发展和进步，一方面是由于不断总结事件（事故、灾害等）应急管理经验教训，另一方面是由于持续完善法律体系和创新体制机制。因此，在借鉴国外体制特点和优势的基础上，可以从加强政策研究、优化整合法律法规、加强宣传教育培训及坚持重心下移四个方面，进一步强化我国应急管理工作。

（一）加强政策研究

应急管理工作是一项政策性很强的工作，涉及应急预防、准备、响应和恢复等环节，需要持续开展理论研究和创新，为顶层设计提供理论基础支撑。

一是建立健全政策研究专门机构。着眼于应急管理机构职能职责定位，统筹整合相关单位政策研究力量，优化政策研究团队。

二是推动政策研究与课题研究深度融合。统筹各单位、各部门课题研究，协调建立应急管理课题数据库，避免重复研究。加强课题设计，提升课题研究的效能，增强政策研究的针对性和实效性。

三是推动政策研究与法律法规标准的深度融合。推动将重大政策转化为法律法规和标准，为应急管理工作提供制度和法律保障，确保重大改革有法可依。

四是加强应急管理政策研究交流。加强与其他部委和科研院校的沟通联系，发挥专家学者的理论优势，以更宽广的视野推动应急管理政策研究。建立健全调研成果、课题研究成果交流制度，提升政策研究的理论水平。

（二）优化整合法律法规

西方主要发达国家在开展应急管理工作时坚持"立法先行"，通过立法工作明确了各层级政府的应急管理主体职能和处置权限，明晰了行政紧急权和公民合法权益，最大限度地调动了市场机制，减轻了政府的负担，确保应急管理工作稳步推进。

当前，我国应急管理涉及的法律有以《突发事件应对法》为主的7部法律和10多部行政法规，这些法律和行政法规"专门性强、综合性弱"的特点较为突出，需要进一步优化整合，以适应将防灾减灾工作上升为国家应急管理工作层面的需求。同时，需要对现有法律、制度、措施、规划等进行修改完善。

一要加强应急管理立法框架体系研究。坚持高起点规划、高标准建设的原则，研究提出应急管理法制建设总目标、总框架，明确重点项目和完成时限，推动形成系统完备、内容科学、衔接配套、切实管用的应急管理法律体系。

二要加快重点行业领域立法工作，围绕机构改革涉及的法律法规和应急管理薄弱环节，重点推进工业信息安全事故应急处置、工业信息安全事故应急预案管理、工业信息安全培训等法律法规的制定、修订工作，健全完善灾害保险法和再保险法。

三要深入推进科学立法、民主立法。牢牢把握新时代应急管理的主要矛盾和突出问题，综合运用立改废释补短板、强弱项、防风险。健全立法起草、论证、协调、审议机制，探索建立基层立法联系点、委托立法、委托调研等制度。

（三）加强宣传教育培训

增强公众的应急意识，提高其应急技能水平，加强宣传教育培训是必经之路。当前，我国的应急宣传教育培训，无论是广度还是深度，都与国外发展较快的国家有一定差距。这要求我们以问题为导向，尽快补齐短板。

一要加强应急宣传教育。健全宣传教育网络，持续加大应急科普宣传教育"进校园、进社区、进厂矿、进农村"的工作力度；加大社会宣传力度，增强群众的安全意识，提高群众的自救互救能力；普及安全知识，营造"全社会普及、全社会参与、全社会受益"的浓厚氛围。

二要加强学习培训。对应急管理工作相关领导、应急管理人员、应急救援人员、应急保障人员等开展学习培训，尽快熟悉应急职责、应急程序，提升应急能力。

三要加强应急演练。通过常态化的应急演练，进一步完善各类应急机制，提高企业职工和社会公众应对各类突发事件的快速反应能力、应急处理能力和协调配合能力。

（四）坚持重心下移

《深化党和国家机构改革方案》指出，按照分级负责的原则，一般性灾害由地方各级政府负责，应急管理部代表中央统一响应支援。其基本明确了中央和地方在灾害管理方面的事权关系。同时，鉴于一般性灾害较多、特别重大灾害偶发的实际情况，应急管理工作的重心应坚持下移，更加突出基层应急管理的基础性地位。

一要优化各级地方政府资源配置，提高地方政府和基层相关部门独立处置一般性灾害的能力。

二要逐步将应急管理工作与网格化管理结合起来。借助安全生产网格，充分利用现代化信息技术和管理手段，提高应急管理精细化水平。

三要增强基层的防灾救灾意识，提高其互助能力。

五、全球工业信息安全应急管理典型合作

国外应急管理专家 George D. Haddow 曾说，"一个国家的响应能力与几个因素相关，包括灾害的易发性，地方和地区的经济资源，政府的组织体制，技术、学术与人力资源的供给。但是，在巨大灾害面前，国家自身缺少响应能力，这种情况日益增多，并呼吁增加外援。影响整个地区的灾害并不罕见，应

对需要国际响应机制。"国际合作是应急管理综合性特征在经济全球化时代的新表现，这需要整合国内与国际力量以应对可能发生的灾害。

（一）国际合作遵循的原则

从某种意义上说，国际社会处于无政府状态。各国在共同应对突发事件的过程中，虽然没有一个"世界政府"来约束，但是需要有一套"游戏规则"。为此，突发事件应对的国际合作应遵循以下原则：

第一，预防为主。突发事件应对的国际合作不仅要注重灾后的救援援助，还要注重灾前的防范合作。例如，开展关于重大传染病防控知识的普及与宣传，推行巨大灾害保险，建立海啸、地震等灾害的联合预警及信息共享系统，进行打击恐怖主义的跨国军事演习等，也就是说，突发事件的国际合作要体现在应急管理的全过程。在 20 世纪 90 年代，联合国提出了国际减灾 10 年计划，推动了应急管理从灾害响应导向型向灾害减缓导向型的转变。

第二，体现国际公平与正义。在经济全球化进程中，发达国家是主导者和主要受益者。从某种意义上讲，它们的发展是以牺牲发展中国家利益为代价的。在突发事件应对的国际合作中，发达国家应该承担更多的义务。这体现了国际公平与正义的原则。

第三，奉行人道主义原则。突发事件应对的国际合作机制应该体现人道主义原则，避免某些国家借国际合作之机，附加政治条件、干涉别国内政或扩大势力范围、彰显战略意图。

第四，标本兼治。在经济全球化背景下，增强国际合作、确保人类的共同安全是世界各国的共同心愿。但是，国际合作、共同应对突发事件必须坚持既治标又治本的原则。

从层次和范围上看，突发事件应对的国际合作可以分为三种形式：全球合作、区域合作、双边合作。例如，1998 年 6 月，在俄罗斯的建议下，北约总部在和平伙伴关系框架下成立了欧洲—大西洋灾害响应协调中心（Euro-Atlantic Disaster Coordination Center）。该中心负责协调欧洲—大西洋地区的北约及其伙伴国家之间的灾害响应行动。从 2001 年起，它开始协调各国反恐行动，进行恐怖袭击的结果管理（Consequence Management）。此外，该中心还起到灾害援助信息共享平台的作用，开展有关自然、人为灾害的国际演习，与联合国人道主义救援办公室、国际原子能机构、世界卫生组织等国际机构进行密切的合作。

在突发事件应对的过程中，一个国家可以与国际非政府组织合作，也可以与其他国家的救援公司合作。在国外，紧急救援已经成为仅次于银行、邮电、保险业的重要服务性产业，是政府救援组织的必要的补充。例如，法国"亚洲国际紧急救援中心"（简称 AEA）成立于 1984 年，总部设在新加坡，在欧洲、美洲、亚洲、大洋洲和非洲五大洲建立了 22 个分支机构。仅在亚洲就有 12 个报警中心，主要分布在新加坡、日本、韩国、泰国、越南、缅甸、印度尼西亚、菲律宾、中国（包括香港）等，是亚洲最大的紧急救援网络。在突发事件的应对过程中，一国政府可以按照商业化模式，调用国外的紧急救援公司。但是，国外紧急救援公司的行为必须受到严格的法律规范约束和委托人的有效监管，必须实行严格的行业自律。对此，西方国家政府官员、学者也在积极探讨如何使紧急救援公司成为可以信赖的应急处置国际伙伴。

（二）国际合作交流近况

近年来，工业和信息化部积极推动工业信息安全领域国际合作。工业和信息化部国际经济技术合作中心、中国—东盟中心和武汉市人民政府共同主办 2021 中国—东盟数字经济发展合作论坛，年内共同制定《关于落实中国—东盟数字经济合作伙伴关系的行动计划（2021—2025）》。2021 年 8 月，工业和信息化部还举办了第五届金砖国家工业部长会议、2021 金砖国家新工业革命伙伴关系论坛、上海合作组织成员国第一次工业部长会议、中拉数字技术抗疫合作论坛等，在推进工业信息安全领域国际合作方面取得了一系列务实成果，获得多国好评。目前，推动工业信息安全尤其是工业信息安全应急的国际合作，已成为各国深化合作的新领域、新方向和新亮点。

为深入贯彻习近平总书记系列讲话精神，推动数字经济国际化，落实《关于深化"互联网＋先进制造业"发展工业互联网的指导意见》等文件内容，在工业和信息化部的大力支持下，2020 年 12 月 11 日，国家工业信息安全发展研究中心在北京成功召开了第二届工业信息安全应急国际研讨会（以下简称研讨会），来自中国、荷兰、乌克兰、俄罗斯、巴基斯坦、英国、法国等 22 个国家和地区的政府代表、国际组织代表、跨国企业代表、工业信息安全企业领军人物、行业专家学者等 110 余人出席会议。研讨会在"全球抗疫、命运与共"的背景下，通过"线下研讨＋线上直播"的方式，以"全球工信新威胁，守望相助迎挑战"为主题，聚焦加强工业信息安全应急合作，围绕工业信息安全应急管理、监测预警、信息共享、事件应急处置、人才培养等方面，积极开展交流和讨论，分享最佳实践经验。研讨会的召开进一步扩大了工业信息安全应急国际交流范围，巩固了工业信息安全应急国际合作交流平台，为进一步深化务实工业信息安全国际合作、加强与"一带一路"沿线国家沟通交流、推动工业信息安全应急产业合作共赢、促进工业信息安全应急成果普惠共享等目标提供了坚实基础。此外，研讨会还发布了《中国工业信息安全应急服务力量调研报告》，作为国内首个面向工业信息安全应急服务力量相关的调研成果，研究组针对当前工业信息安全事件频发，工业信息安全企业数量、质量发展迅速但底数不清的现状，历时一年对全国工业信息安全应急力量进行深度调研，对遍布 20 余个省份的 130 多家工业信息安全企业，通过实地走访、座谈交流、问卷调查等方式，收集包括覆盖地域、企业规模、服务行业、应急人员及资质情况等在内的相关资料，对应急服务能力建设现状进行分析，并对未来企业和技术发展进行研判，为国家工业信息安全应急体系建设提供了一手资料，推动形成了应急国际合作格局等对策建议，为进一步开展工业信息安全应急工作奠定了坚实的基础。

2021 年 9 月 29 日，国家工业信息安全发展研究中心在北京成功召开了第三届工业信息安全应急国际研讨会。工业和信息化部国际合作司二级巡视员郑凯、工业和信息化部网络安全管理局网络与数据安全处处长刘伯超出席会议并致辞，来自中国、俄罗斯、法国、以色列、马耳他等 24 个国家和地区的国际组织代表、企业家、专家学者等 180 余人现场参会。马耳他驻华大使卓嘉鹰（John Aquilina）发表了主题为"网络安全：需要协调一致的战略方针"的演讲。他表示，全球新冠肺炎疫情蔓延加剧了对数字平台与技术的依赖，在数字化转型时代，网络安全威胁日益复杂。在适用现有国际法和网络空间国家行为准则方面，网络空间也应遵循《联合国宪章》的宗旨和原则。作为欧盟成员国，马耳他愿与志同道合的国家加强合作，采取协调一致的战略解决网络安全问题。

受新冠肺炎疫情影响，哈萨克斯坦首任总统基金世界经济政治研究所首席研究员安东·布卡尹科，河北、江苏、江西、湖南等地方工业信息主管部门代表，地方技术机构负责人通过视频参会，介绍了对工业信息安全应急工作的认识及相关工作开展情况。北京市人大财经委主任张伯旭作了题为《北京市大数据应用与保护》的主题演讲；吉尔吉斯阿拉巴耶夫国立大学分析中心主任舍拉迪尔·巴赫德古罗夫介绍了"国际组织网络安全应急响应的优势"；中国欧盟商会信息和通信技术组副主席伊莎贝尔·哈贾尔分享了《欧盟人工智能监管框架》有关内容。国家工业信息安全发展研究中心发布了《工业信息安全威胁指数研究报告》和《工业信息安全人才现状研究报告》两项最新研究成果。

随着国家工业信息安全领域各类外交活动及会议的持续开展，也为我国科研机构和安全企业提供了国际合作交流的平台，越来越多的机构及企业开始通过与国外优秀科研机构或企业签订合作协议，共同提升工业信息安全能力。例如，首届工业信息安全应急国际研讨会在与会代表自愿、共识的基础上，发起了《工业信息安全应急国际合作倡议》，建议从以下五个方面共同加强工业信息安全应急国际合作：一是推动工业信息安全应急国际交流；二是促进工业信息安全应急产业合作；三是强化工业信息安全应急宣传教育；四是加强工业信息安全风险信息共享；五是探索工业信息安全应急能力共建。它为进一步发挥民间作用，推动建立"政产学研用"相结合的工业信息安全应急国际合作格局，共同护航"一带一路"高质量安全发展起到了积极的促进作用。国家工业信息安全发展研究中心与俄罗斯卡巴斯基实验室签订战略合作协议，双方将进一步在工业控制信息安全联合实验室的建立、工业互联网安全、工业控制信息安全技术研究、工业控制信息安全培训、漏洞研究、威胁情报共享、安全竞赛等多个领域开展合作，并积极发挥各自优势，协力推进工业信息安全产业发展。中国电子科技网络信息安全有限公司与俄罗斯卡巴斯基实验室签署战略合作备忘录，双方将进一步加深在工业控制信息安全、威胁情报共享、人才培养等方面的合作，并轮值举办中俄网络空间安全"T3"国际论坛。奇安信科技集团股份有限公司与以色列 Cyberbit 公司达成战略合作，双方将通过整合各自的技术优势和产业资源，为国内政企客户和高等院校深度定制网络空间安全人才培养和网络攻防靶场提供解决方案。

第二节

"一带一路"沿线国家应急管理模式

在全球工业信息安全事件逐年高发的形势下，各国都开始加强关键基础设施建设，从石油管道到电网，从民航到水运网，从交通到金融 / 银行系统，并逐步引入网络管理和监控系统。随着信息技术迅猛发展、网络化程度提高，"一带一路"沿线国家中的先行者们已认识到保障国家重要行业关键信息基础设施网络安全的重要性，纷纷采取一系列保障措施，筹建专门机构，制定战略规划和相关标准依据，开展理论研究和模拟仿真的研究工作，实施一系列安全演习，提升国家关键信息基础设施的安全保障能力。

一、实施重典治乱的新加坡

新加坡是最早推广互联网的国家之一，在网络安全立法和监管方面有着较为成功的治理经验。新加坡政府认为，网络安全是至关重要的战略阵地，其对于国家安全、社会稳定和个人权益的保障具有不可替代的支撑作用。新加坡通过不断完善网络安全立法，协调监管部门之间的职责，加强网络监管等举措提高网络安全的保障能力。不了解内情的人或许以为，新加坡是网络攻击的绝缘地，事实却正好相反，一直以来，新加坡都是网络攻击的重点目标。

如今得到国际社会认可的新加坡网络安全策略，是随着网络安全威胁的每一次升级，而不断进行升级，历时十余年才锤炼而成的。早在 1997 年新加坡就成立了国家计算机应急响应队伍。2005 年，新加坡发布了首部《信息安全总体规划（2005—2007 年）》，2008 年和 2013 年，新加坡又先后推出了第二部、第三部《信息安全总体规划》，与以上规划相配套的还有监管部门的建设。2009 年，新加坡成立了资讯通信科技安全局，主要职责为监管和保障关键信息基础设施领域的网络安全问题。2014 年，新加坡信息通信技术安全局成立国家网络安全中心（NCSC），维护网络态势感知，提供国家级大规模跨部门的网络事件应对措施；2015 年，新加坡成立了网络安全局（CSA），由总理办公室（PMO）成立，由通信信息部（MCD）进行行政管理。CSA 致力于协调跨政府、工业、学术、商业和人事部门及国际性工作，保障国家网络安全，制定实施网络安全政策法规；2016 年 7 月，新加坡内政部（MHA）启动了国家网络犯罪行动计划。

2016 年，新加坡提出打造数字化智能国家的计划，随着对网络和数字科技的依赖与日俱增，对网络安全越发重视，推出了《国家网络安全战略》，旨在推动政府机构、网络行业、专家学者和主要服务业者等各利益方共同努力打击网络犯罪。该战略提出了新加坡网络安全的愿景、目标和要点，主要包括以下四个方面。

（1）建立强健的基础设施网络。新加坡政府加强关键信息基础设施保护，共建网络风险管理流程；扩展补充国家资源，如国家网络事件应变小组（NCIRT）和国家网络安全中心（NCSC）；引进网络安全法，加大政府系统和网络的保护力度，与运营商和网络安全团体等相关部门加强合作，共同保护国家关键设施网络。

（2）创造更加安全的网络空间。为有效应对网络犯罪威胁，政府将实施最新颁布的打击国家网络犯罪行动计划；建立可信数据生态系统，巩固新加坡作为可信中心的地位；与全球机构、各国政府、行业伙伴及互联网服务提供商合作，以便快速识别并降低互联网基础设施上的恶意行为。

（3）发展具有活力的网络安全生态系统。政府加强与社会企业和高校的合作，通过奖学金项目和特殊课程培养网络安全人才，并在社会层面加强网络安全就业和相关的技能培训；另外，政府还将与企业和学术界合作，成立先进技术公司，培养当地初创企业，推动开发优秀的解决方案。

（4）加强国际合作。新加坡致力于加强网络安全国际合作，以便共同保护全球安全。新加坡积极与国际团体，尤其是东南亚国家联盟开展合作，解决跨国网络安全和网络犯罪问题；支持网络能力建设倡议、促进网络规范和立法交流。

2018 年 2 月，新加坡通过《网络安全法 2018》，重点关注关键基础设施领域网络安全建设，加强 11 个关键信息基础设施应对网络袭击的能力，授权网络安全局预防和应对网络安全事故及制定网络安全服务提供者的监管框架。其明确了 11 个关键信息基础设施领域，包括能源、水资源、银行金融、医疗保健、海陆空交通、信息通信、媒体等。它只有在咨询各领域监管单位和潜在的关键信息基础设施拥有者后，才能明确关键领域范围。

二、享有技术优势的爱沙尼亚

爱沙尼亚共和国，位于波罗的海东岸，国土总面积约 4.5 万平方千米，总人口约 130 万，1991 年才宣布恢复独立。这个看似不起眼的波罗的海小国，却是当今全球数字信息技术最发达的国家之一。它是第一个通过网络进行总统选举的国家，也是第一个将"上网是公民的基本权利"写进宪法的国家，更是第一个推出"电子身份证"的国家，是 Skype、Hotmail 等著名科技企业的诞生地。爱沙尼亚现在拥有全欧洲速度最快的互联网，网络普及率高达 98%；政府已经基本实现"无纸化"的电子政务办公；99% 使用电子身份证的爱沙尼亚人可接入 4000 多项公共和私人的数字化服务；98% 的银行交易在网上完成，在网上注册一家公司只需要 18 分钟。

近几年，由于黑客攻击层出不穷，作为一个非常依赖网络的国家，爱沙尼亚必须为其数据和服务设置一道保险。

2007 年遭受网络攻击后，爱沙尼亚更加致力于对抗网络犯罪和网络袭击，努力发展先进的国家网络安全技术，在网络安全发展方面走在欧洲各国的前列。在国内，爱沙尼亚出台了网络安全国家战略，建立了网络防御机构。在国际上，爱沙尼亚以北约协作网络空间防御卓越中心为依托，培训来自欧洲的网络专家，教授如何增强国家的网络防御能力；培训世界各地的负责人，使其了解如何面对现代的网络袭击，以及爱沙尼亚的应对行为，并且传授国家网络安全建设方面的经验。爱沙尼亚的行为成功促使北约成员国更新了他们的网络安全政策，进一步增强了爱沙尼亚在网络安全方面的影响力。

三、具备军事特色的以色列

作为一个位于中东地区的国家，以色列在现实世界中面临的挑战也反映在网络世界中。据以色列媒体报道，2012 年 1 月，沙特阿拉伯与以色列发生黑客大战，其中，大量以色列 SCADA 工业控制系统的地址被黑客通过推特（Twitter）连接到一个文档中并迅速转发，黑客收集的 SCADA 入口将会遭遇多国黑客的攻击。仅 2013 年和 2014 年，以色列就指责伊朗对其关键基础设施，如水电、银行等发动了网络攻击。除此之外，以色列媒体还表示，土耳其、巴勒斯坦、北非的一些国家都曾对以色列发动过网络攻击。2013 年 10 月，以色列北部城市海法（Haifa）的全国路网遭到了网络攻击，在城市主干道上造成了大规模的交通拥堵。攻击者使用恶意软件攻破了在卡梅尔隧道收费公路的摄像装置，并获得了控制权。攻击者在 20 分钟内迅速地锁定了主干道，并在次日关闭了整段公路，长达 8 小时，造成了大规模拥堵。2016 年，以色列国家基础设施、能源和水资源部部长尤瓦尔·斯坦尼兹在 2016 特拉维夫 Cybertech 大会上表示，以色列国家电力局正在遭受着严重的网络攻击，这是基础设施遭受网络攻击的现实例子。

由于其特殊的地缘政治因素，以色列一直以来将确保本国人能够应对各种水平的威胁视为政府的核心战略，正是这样常年不间断的网络攻击促使以色列政府大力发展安全防御技术，所以以色列工业控制安全领域的发展得益于其面对关键基础设施不断被攻击所积累的大量经验。在工业控制系统信息安全领域，以色列近年来发展迅猛，其中军方的技术力量是以色列独特网络安全生态体系的重要组成部分。虽然各家公司的技术和方向有所不同，但是绝大多数工业控制安全厂商都存在一个共同点——都是由以色列军事信号情报组织 8200 部队（Unit 8200）的退伍人员组成的。2010 年，这支在世界上最令人生畏的网络间谍部队，被怀疑用蠕虫病毒 Stuxnet 使伊朗的浓缩铀设施瘫痪。不仅如此，以色列著名科技公司、工业控制安全厂商之一 Check Point 的创始人兼 CEO 吉尔·舍伍德也曾在 8200 部队中服役。近年来，在工业控制安全领域成绩显著的 CyberX 公司的两位创始人 Nir Giller 和 Omer Schneider 也是以色列国防部（IDF）经营网络安全部门的退伍军人。毫不夸张地说，8200 部队既是以色列工控安全厂商商业品牌和技术建立的基础，也是这些初创公司的青年人才孵化器。

四、中国加强与"一带一路"沿线国家合作

党的十八大后，我国积极倡导构建人类命运共同体，大力推动"一带一路"建设，为应急管理国际合作开辟了更广阔的空间。中华人民共和国应急管理部（以下简称应急管理部）成立后，大力推动构建"一带一路"沿线国家自然灾害防治和国际应急管理合作的机制，以此服务国家总体外交。同时，着力

提升跨国境救援能力建设。应急管理部组建了中国救援队，并通过了国际重型救援队的资质认证。中国成为亚洲唯——个拥有两支国际重型救援队的国家。应急管理部与联合国减灾办公室（UNDRR）、联合国人道主义事务协调办公室（OCHA）、国际劳工组织、国际民防组织、上海合作组织、亚太经合组织、亚洲备灾中心等国际或区域组织加强合作，形成了中日韩合作框架、中俄印救灾合作机制、金砖合作机制、东盟框架，与俄罗斯、美国、欧盟成员国的政府间建立了更加密切的双边合作关系。

第三节

全球工业信息安全应急管理合作路径

一、机制标准共建

面向"一带一路"企业技术标准联盟是由我国企业与"一带一路"沿线国家（地区）企业共同组建，以创建符合各方战略利益的技术标准为目标的战略联盟，呈现出由我国企业主导、以"一带一路"倡议及"共商共建共享"发展理念为指引、以"一带一路"技术联盟项目为载体、以中国技术标准融入"一带一路"建设为主要目标等主要特征。

面向"一带一路"企业技术标准联盟的主要模式包括标准共商应用型、标准共建研发型、标准共享互补型、标准迭代升级型，四种主要模式在适用条件与合作方式等方面各不相同，其联盟成员结构、联盟合作内容、联盟外部环境等也存在较大的差异。

面向"一带一路"企业的技术标准联盟四种主要模式具有不同的运行机制。标准共商应用型模式的重点是标准的"共商"与"应用"，标准共建研发型模式的重点是标准的"研发"与"创建"，标准共享互补型模式的重点是标准的"共享"与"互补"，标准迭代升级型模式的重点是标准的"升级"与"优化"。

（一）标准共商应用型模式的运行机制

标准共商应用型模式是指面向"一带一路"企业技术标准联盟主体通过沟通协商标准合作内容，推动中国标准在"一带一路"沿线国家（地区）的应用与推广。标准共商应用型模式主要适用于以标准推广和扩散为目标的面向"一带一路"企业的技术标准联盟，其重点在于标准的"共商"与"应用"，"共商"体现了联盟成员间签订标准合作协议的态度，"应用"体现了联盟成员间共建标准化基础设施的决心。标准合作协议主要包括标准合作合同、标准合作框架协议和标准合作谅解备忘录等，联盟主体间通过签订标准合作协议将联盟成员凝聚在一起，共同参与协商技术专利投入、权责分配及投资收益等合作细则。联盟主体通过共商标准合作协议得到与其战略利益相匹配的技术、标准等资源，从而实现最初参与联盟的目标，对联盟主体所在国家（地区）的经济社会发展具有一定的促进作用。例如，印度尼西亚碳钢厂和发电站项目是通过青山集团、德龙集团与印度尼西亚摩罗哇里工业园发展公司签订标准合作谅解备忘录，投资额约 9.8 亿美元而建设的项目。该项目体现了 2017 年北京"一带一路"峰会双边会议中"关于加强中国和印度尼西亚的经贸合作，通过共商标准合作细则"。中国标准在"一带一路"沿线国家（地区）的推广与应用主要体现在基础设施建设上，联盟个体组织共同投入资金、技术、标准等，建设各种基础设施项目，包括交通轨道、能源项目及医疗项目等，推动中国技术、中国标准"走出去"，同时也促进当地的基础设施发展与进步。Hassyan 清洁燃煤电站项目是由中国哈尔滨电气国际工程公司与沙特电力通过技术、标准等合作共同承建的，它是实现中国企业"走出去"具有代表性意义的项目，并为迪拜提供了约 20% 的电力能源。此外，中国标准应用于"一带一路"基础设施建设的典型案例还有：由中国铁建股份有限公司、中国通用技术集团控股有限责任公司、中国中车股份有限公司（以下简称"中国中车"）等合作建设的连接土耳其首都安卡拉和伊斯坦布尔的安伊高铁，由中国建筑股份有限公司等企业援建的柬埔寨考斯玛中柬友谊医院大楼项目等。这也直接论证了标准共商应用型模式已成为面向"一带一路"企业技术标准联盟的一种重要模式。

（二）标准共建研发型模式的运行机制

标准共建研发型模式是指面向"一带一路"企业技术标准联盟主体通过共同研发，实现"从 0 到 1"的标准创建过程，这里的标准既可能是完全独立于原有标准的创新，也可能是原有标准的组合性创新。标准共建研发型模式运行机制的重点在于标准的"研发"与"创建"，主要适用于以新标准研发为目标的面向"一带一路"企业技术标准联盟，表现为联合研发与共建研发机构两条路径，二者具有不同的标准研发机制。联合研发路径是指联盟成员间统一部署，分工协作，共同从事基于新技术、新标准的联合研发工作，其中，联盟成员既可以作为独立个体参与项目分工协作、联合研究等活动，也可以组成企业联合体共同负责标准的研究与开发工作。具体的合作机制包括以下方面。

一是联盟承担特定的研发任务，根据联盟成员的优势将总研发任务分解成若干个子模块，将子研发模块与联盟成员匹配并由其独立完成，最后对研发任务子模块进行汇总，并进行必要的沟通与交流。

二是联盟成员共同投入研发资金、人才、设备，并参与到以新技术、新标准为主要内容的研发工作中，在合作过程中联盟成员间互相沟通与交流，攻克标准研制难题。例如，中国中车联合意大利蓝色工程技术公司的技术团队资源组建现代轨道交通技术联合研发中心，它不仅成为中国中车科技创新海外研发的公共服务平台，也成为全球技术合作平台，为意大利乃至其他欧洲国家提供技术服务，推进和加强中意两国在交通领域的技术合作与创新。中国企业给意大利带来了尖端的技术，共同研发和制造的交通工具在都灵随处可见。共建研发机构路径是指联盟成员投入一定的资源，共同参与研发机构的创建，这里的研发机构包括标准研发中心、标准联合实验室、标准研究院等类型。根据项目选择的主导方不同，将其分为高校、科研机构、企业共建研发机构和高校、企业共建研发基地两种形式。高校和科研机构具有专门的研发团队、丰富的研究经验，主要负责基础性和应用性研究工作，而企业扮演的角色一般是研究经费支持与研究成果的试用，各合作主体共同参与研发机构的共建。以"一带一路"沿线国家（地区）的科技需求为牵引，我国与沿线国家共建了多家研发机构。例如，甘肃省代表国家与马来西亚共同建立了"中国－马来西亚清真食品国家联合实验室"、与巴基斯坦共同建立了"中巴生态农业和生物质能技术研发联合实验室"。随着"一带一路"合作的深化，中国企业给文莱带来了渔业技术和管理经验，并致力于通过海世通渔业项目将文莱打造成东盟的渔业研究中心。

（三）标准共享互补型模式的运行机制

标准共享互补型模式是指"一带一路"企业技术标准联盟主体间通过技术、标准的共享与互补实现联盟成员的紧密合作，为联盟成员企业自主创新能力的培养提供更全面高效的技术和标准组合。标准共享互补型模式的重点在于标准的"共享"与"互补"，主要表现为联盟内部的标准共享与互补行为，如果联盟成员是以技术、标准的使用为目标参与联盟的创建，则该联盟更适合采用标准共享互补型模式。它的运行机制包括标准共享与标准互补。标准共享是以联盟成员间的技术专利、标准共享合作为主要内容，同时也会涉及知识、人才等资源的共享。面向"一带一路"企业技术标准联盟通过组建共享平台等形式开展标准合作，联盟成员虽然没有实质性的合作研发活动，但是通过专利许可、共建专利池、技术培训等活动形式可以免费或低成本地获得自身所需要的战略性技术、标准等资源。例如，中国援坦农业技术示范中心多年来为坦桑尼亚培训各类技术人才和农民 3600 余人次，开展国际交流与合作并接待各国来访人员 50 多人次，为推动中坦农业深入合作，带动中资企业赴坦桑尼亚发展搭建了标准共享平台。中国同包括坦桑尼亚在内的非洲各国分享中国在农业技术、标准发展与推广方面的经验，农业技术示范中心项目的建成为中坦两国人民提供了一个互相学习和交流的平台。标准互补是指联盟主体间在技术专利、标准等方面构成优势互补、强强联合关系，一方的优势可以弥补另一方的劣势。互补不仅是技术和标准的互补，也可以是产业链、价值链等方面的互补。在中国与"一带一路"沿线国家（地区）的互补性合作中，中国具有先进的技术和丰富的发展经验，"一带一路"沿线国家（地区）具有庞大的市场需求，这为双方企业、高校、科研院所等机构的进一步合作奠定了基础。例如，"智能工厂产业链国际合作联盟"（以下简称联盟）由北京和利时集团联合华为技术有限公司、新松机器人自动化股份有限公司、重庆川仪自动化股份有限公司等单位共同发起，发展成为产业生态的黏结剂。联盟成员覆盖了智能工厂全产业链，包括相关国家机构、EPC（Engineering Procurement Construction，工程总承包模式）企业、设备供应商及用户企业，还包括华为这样的通信技术解决方案供应商。联盟将产业链上下游企业聚集在一起，通过技术和标准等资源优势互补，一方面可以实现全产业链价值最大化，另一方面也可以为用户创造更多的价值。

（四）标准迭代升级型模式的运行机制

标准迭代升级型模式是利用"一带一路"沿线国家（地区）的先进技术、标准体系，结合当地的制度环境、文化环境及经济环境等，对联盟标准及其合作方式进行迭代升级，通过不断地迭代优化，最终达到特定的标准目标，它不是一次性完成的，而是不断优化重复的非线性进程。标准迭代升级型模式的重点在于标准的"升级"与"优化"，适用于以标准及其合作方式迭代升级为目标的面向"一带一路"企业技术标准联盟，主要表现为标准合作共建园区与扩展型标准合作两种形式。标准合作共建园区是指联盟成员投入资金和技术等资源，共同建设各种形式的园区，包括工业园区、产业园区、合作园区等。共建园区的过程也是标准及合作方式的优化升级过程，园区建成后会吸引大批的优质项目入园，大大加快了联盟成员企业及其所在国家的发展步伐。近年来，我国积极探索园区共建的合作形式，将园区建设的成功实践向"一带一路"沿线国家（地区）推广。例如，马中关丹产业园是中国在马来西亚设立的第一个国家级产业园区，由广西北部湾国际港务集团等企业与马来西亚牵头合作伙伴IJM集团、森那美集团共同开发建设。中马产业结构互补性较强，与马来西亚合作的中国企业能较快地找到其在产业链上的定位，开展合作，实现优势互补，并不断提升本地化经营程度，拉动当地就业和促进当地经济发展。扩展型标准合作是指联盟主体间的标准合作横向或纵向地向外进行延展，不断地进行升级优化，扩大联盟合作领域、联盟合作主体及联盟输出形式，包括多领域合作、多元化合作、全产业链合作等。随着联盟成员间合作广度和深度的增加，标准合作形式趋向多元化，从单一领域、产品输出、单一产业链环节合作转变为多领域、多元化输出、全产业链合作。扩展型标准合作本身具有合作无边界化的特点，且辐射的受益群体也更为广泛，不仅能为联盟合作成员创造更大的价值，也能为顾客创造更大的价值。例如，巴基斯坦海尔－鲁巴经济区以巴基斯坦海尔工业园为基础进行扩建，海尔集团与巴基斯坦RUBA集团合资建设，海尔集团作为中方家电领域的技术、标准资源方，为巴基斯坦提供技术支持，参与并主导巴基斯坦家电标准的制定，形成品牌家电产业集群，带动了本地产业链企业的制造水平提升。亚马尔液化天然气项目是中国提出"一带一路"倡议后在俄罗斯实施的首个特大型能源合作项目，该项目位于俄罗斯境内的北极圈内，目前是全球在北极地区展开的最大液化天然气工程，同时也是世界特大型天然气勘探开发、液化、运输、销售全产业链一体化合作项目，被誉为"北极圈上的能源明珠"。进一步分析与探讨面向"一带一路"企业技术标准联盟基本模式的主要内容与运行机制，可以发现这四种模式在参与主体、合作方式和价值实现上存在较大的差异，具体如表 7-1 所示。

表 7-1　面向"一带一路"企业技术标准联盟主要模式比较

主要模式	典型案例	典型特征		
		参与主体	合作方式	价值实现
标准共商应用型（363 个）	印度尼西亚碳钢厂和发电站项目；Hassyan 清洁燃煤电站项目	中国企业、政府机构、"一带一路"沿线国家企业	签订标准合作协议，共建基础设施	标准推广与扩散
标准共建研发型（155 个）	现代轨道交通技术联合研发中心；中巴生态农业和生物质能技术研发联合实验室项目	中国企业、高校、科研机构"一带一路"沿线国家企业	联合研发，共建研发机构	标准研发与创建
标准共享互补型（138 个）	中国援坦农业技术示范中心项目；智能工厂产业链国际合作联盟	中国企业、高校、科研机构"一带一路"沿线国家企业	标准共享性合作，标准互补性合作	标准共享与互补
标准迭代升级型（126 个）	马中关丹产业园项目亚马尔液化天然气项目	中国企业、高校、科研机构"一带一路"沿线国家企业	标准合作共建，扩展型标准合作	标准升级与优化

二、跨域监测防御

目前，面向多个国家和地区间网络职能部门协调时存在时效低、多种网络防御系统各自为战、无法形成体系化网络防护能力等问题，故协同防御技术应从情报共享、入侵行为跨域引导阻断、安全策略协同等层面出发，实现跨域协作、体系防御。

（一）跨域协作

研究网络空间协同防御任务设计、跨域网络安全策略协同、面向任务的多系统分级协作等方法。通过任务多领域协同、策略一致性协同、处置行动分级协同，实现侦察、预警、防御、反制、指挥、管理等力量在行动层面的跨域协作和融合，解决跨部门、跨领域的深度协作问题。

（二）体系防御

研究一体化网络空间安全协同防护体系架构、基于网络威胁情报的协同防御、网络资源智能调度、网络动态防御、网络入侵行为引导阻断、欺骗协作处置等方法。从系统体系的角度出发形成一体化网络安全架构，达到计划合理统筹、行动协调一致、合力攻坚克难的效果，极大提升对网络空间威胁识别、定位、响应和处置等行动的能力和效率。

我国倡导的"一带一路"倡议愿景将文化相近、信息传播复杂的中亚诸国与我国西北民族地区的跨文化交流联系起来，这需要我们更加重视跨域信息流通机制的建设。跨域，其内涵主要体现在以下几个维度：从国家角度出发，跨域在国内主要指跨越区域，在国际层面主要指跨越国家；从行业和部门角度出发，跨域则意味着信息要跨越行业和部门的人为区隔，优化传播效应。因为不同国家和地区网络舆情的基本构成、发展机理和管控策略不同，所以在全球传播和全媒体时代，探求其跨域工业信息安全风险工作模式、机理、应对机制研究就显得非常重要了。在网络信息全球一体化越来越显著的背景下，关注网络信息的跨域传播模式及机理，构建安全有效的跨域地区信息走廊，与国家倡导的"一带一路"倡议愿景形成信息层面和传播层面的呼应，有助于"一带一路"倡议的安全落地。

在全球化的浪潮与跨国恐怖主义肆虐的大背景下，中国和中亚丝绸之路沿线国家的发展和合作均依赖于稳定的外部环境，不管是跨国的合作还是国内省际合作都显得异常重要。而在危机传播中，因为合作的前提是具备一定的信息共享和处理能力，所以需要在理念和行动层面进行调适。

一是理念转型，从单打独斗到协同治理。在信息流通加快的时代，拘泥于行政属地和地理属地的常态管理中的结构和方式应做出调整，要强化跨域治理的理念，搭建跨域信息共享平台。近年来，传统意义上的丝绸之路沿线国家无不饱受极端主义的冲击和影响，尤其在社会化媒体时代，网络信息的流动与传播越来越难以把握和管理，需要国家之间和国内各地区各部门之间加强联系和合作，共同应对工业信息安全风险。基于这样的背景，应急管理思维的转向就变得异常重要，变信息管制为信息沟通，变单打独斗为协同治理，变各自为政为合作共赢。这也是近年来国内外局势发生变化对信息管理工作提出的新要求。

　　二是加强跨域风险网络信息数据库建设。除了搭建信息共享和行动整合平台，完善跨国媒体合作的作用机制也很重要。这是以实际行动完成从物理空间的丝绸之路到信息化电子走廊的转化，弥合跨国媒介不同步所造成的信息级差。建议中国和丝绸之路沿线国家委托第三方数据调查公司，采用媒体内容分析与定量意见调查相结合的实证研究，结合大数据挖掘网络海量信息，对所收集到的资料进行科学的整理和分析，用来评估工业信息安全风险传播的效果，研究所应采取的有效对策。这就需要构建跨国媒体间信息交流平台的长效机制和跨国风险信息数据库、工业信息安全漏洞监测体系。数据库的建设应当包含以下内容：从国家关系来看，需要构建并完善跨国媒体间信息交流平台的长效联动机制和跨国风险信息的数据库、工业信息安全漏洞监测体系；把握跨境民族意见领袖的影响力及在危机传播中发挥的作用，新媒介技术的发展对跨域危机传播方式的影响，极端思想凭借社会化媒体传播的作用机制探索；跨境民间交流在危机传播中的作用机制探析，跨文化交流与传播的模式和形态对危机传播的影响等。从国内各部门的关系来看，需要完善工业信息安全风险监测系统，对接不同职能部门之间的信息数据库，把握风险信息的连接和动态演化，动态监测工业互联网极端主义主张和观点的散布和影响。只有构建和完善跨域应急联动信息共享和行动整合平台，才能保障"一带一路"倡议愿景下国家和地区的安全和稳定，从而对"一带一路"倡议愿景的顺利实现提供有效的安全屏障。

　　跨域工业信息安全走廊的构建是从"一带一路"倡议愿景的大背景出发，构建跨域工业信息安全风险监测体系，它不仅需要观念上的转变，还需要理念上的升华。从国内来看，需要国内各部门加强信息合作，通过构建跨域应急联动信息共享和行动整合平台来完成国家和社会层面的整合；从国际来看，需要丝绸之路沿线国家通力合作、互惠互利，携手重释人类命运共同体的内涵。构建跨域工业信息安全走廊是完成丝绸之路沿线国家命运共同体的基础，不能仅仅停留在政治层面，更需要在文化上加强交流和共享，因此，构建跨域工业信息安全走廊需要在以下几个方面展开：完成从强调信息的线性传递到强调文化、社会等因素的立体信息传播模式转向。在社会系统发展的动态过程框架下思考危机的解决之道，形成基于社会和文化因素的立体化危机传播模式和情境式危机传播模式探索，探索跨域工业信息安全走廊构建的多维模式。跨域工业信息安全走廊构建需要更新传播理念。从国家层面而言，应从强调政治的宣传模式向强调传播的"符码博弈"模式转换，减少由于传播策略不当造成的文化误读和传播障碍；从经济和政治的二元传播模式向经济、政治、文化、交流并重的多元传播模式转换；在国内各部门之间同样需要减少信息误读，通畅信息交流渠道，避免由于信息传播不当而导致的社会危机。构建跨域工业信息安全走廊需要重视社交媒体的信息传播属性。社会化媒体时代的信息传播具有海量、快速、多变的特点，正因如此，基于大众传播时代的法律和管理体系已经稍显滞后，所以需要一定的工业信息安全监测体系和管理手段对涉及国家安全的基础设施安全进行针对性的追踪。国际跨域工业信息安全走廊的构建还需要搭建会展、媒体、孔子学院、民间外交等互动平台，加强信息交流和对话。在多个维度上加强信息沟通和交流，应注重政府和民间交流的平衡，合理利用民间资源，完成从官方传播到民间传播的转化，重视民间信息交流在危机传播中的作用。在国内需要启动跨境媒体合作的作用机制，完成跨国媒体的信息汇聚作用。完成从物理空间的丝绸之路到信息化电子走廊的转化，弥合跨国媒介不同步所造成的信息级差。扩大中文传媒在中亚地区各国的影响力和传播力，形成信息传播的本地化策略，从而完善跨域工业信息安全走廊建设。

三、威胁情报共享

目前，我国网络空间攻、防、管、控四个体系分属不同的部门管理，相互之间缺乏有效的信息共享和交换、共同态势感知和联合分析手段。因此，需要研究新型网络安全体系架构、监测预警、协同防御、网络反制等各项技术，利用网络云平台构建一体化信息共享、统一态势感知、联合数据分析平台，从而为网络空间资源整合、控制、应用提供一体化共享平台；促进网络空间攻、防、管、控之间不同管理部门、执行系统之间的横向协作，支持国家、省、市、县等各级单位之间的纵向协作。通过信息共享技术，把各部门、各军种、各高校、各企业的能力联系起来，以支撑形成整个网络空间的安全体系，起到 1+1>2 的效果。

威胁情报共享作为工业信息安全威胁情报体系架构中的一项重要环节，对实现工业信息安全态势感知以应对新生网络威胁起着至关重要的作用。威胁情报共享这一概念，上承数据的收集、关联聚合等技术，下启威胁情报的提取和分析方法，是建立以威胁情报为核心的网络安全防御战略体系的关键步骤。面对日益严峻的网络威胁形势，打破藩篱，加强各信息系统协同互助，构筑宽共享、全联通的信息共享环境可使威胁情报价值最大化，进而提高参与共享各方的威胁检测与应急响应能力。

虽然威胁情报共享这一概念近几年才映入人们的眼帘，但在此之前工业信息安全的信息共享早已成为各领域希望探讨的话题，并为威胁情报共享研究提供了扎实的理论和技术铺垫，在推动威胁情报共享与快速发展方面起到了关键的作用。

从外部环境来看，完成共享过程需要一定的信息技术做安全支撑，如果缺乏专业操作，则共享参与者将无法推进威胁情报共享。除此之外，从共享参与者的角度考虑，存在共享信任障碍和共享利益难分配的问题；从共享数据的角度考虑，存在敏感数据泄露和数据价值难评估等问题。

在鼓励工业信息威胁情报共享的外部举措方面，许多国家和国际组织通过对威胁防御者之间的合作和协调进行支持，来鼓励威胁信息或情报的共享。一部分组织关注漏洞和事件响应，而另一部分组织则专注于识别入侵和潜在威胁。综合来说，这些服务为成员提供了通用且连贯的信息技术基础设施的安全框架。

在事件响应团队的国际合作方面。从区域角度来看，工业信息安全应急响应团队是每个工业信息安全生态系统的重要组成部分。他们收集有关新威胁的信息，发出早期预警，并根据要求提供帮助，网络安全电子信息合作已被证明是区域内最有效的措施。

信息共享与分析中心是促进威胁信息共享的第一个正式机构。它是由美国政府提出的，并在 1998 年出版的《第 63 号总统决策指令》（PDD － 63）中进行了描述。此外，美国事件响应团队还与信息共享与分析中心合作，主办仅限于保护关键国家基础设施的相关组织会议。信息共享与分析中心收集、分析并向行业和政府传播私营部门的威胁信息，向成员提供减轻风险和增强复原能力的工具。它作为一个框架，使利益相关者能够跨不同的攻击链步骤开发各自的防御系统。

欧洲网络与信息安全局（ENISA）是主要的欧洲机构，旨在通过鼓励网络和信息安全威胁、方法和结果的交流，避免重复的工作，提高欧洲不同机构和成员国工作的一致性。美国国家标准和技术研究院（NIST）在响应计算机安全事件时，通过确定有关的标准、方法、程序和过程，对现有的计算机安全事件响应小组（CSIRT）之间的协同合作进行支持。NIST 在处理计算机安全事件时进行合作，提供了指导和最佳实践。这些举措同样存在局限性，法律的要求、数据的敏感性等都是不愿扩大合作的普遍性原因。法律虽然规定要关注国际合作，但在威胁数据的敏感性方面，参与的公司仍然不愿对其同行和政府透露潜在威胁。此外，还缺少用于交换信息的总体方法。由于这些局限性限制了参与者从信息共享中获得益处，从而阻碍了它们之间的合作。

共享信任障碍和威胁情报在本质上都是高度敏感的，由于共享者在不同的信任边界内操作，其产生的信任问题会导致隐私担忧。如果工业信息安全威胁情报处理不当或泄露，就会对情报来源组织造成不利影响；更有可能会受到攻击者的进一步利用，造成声誉损失，进而导致收入损失。共享者需要保持威胁情报的机密性，同时也要确保接收者仍然信任信息，这两者之间的矛盾是参与威胁情报共享的障碍。换言之，这种固有信任障碍可能会抑制共享者参与威胁情报共享的积极性。近年来，区块链技术发展迅猛，其去中心化特性使得共享参与者即使在不可信第三方的情况下也能够进行有序、可信的共享操作。由于区块链技术在其他行业信息共享方面的研究工作已经取得一定进展，故很多学者选择从此方向进行突破。Rawat 等人提出了基于区块链的 iShare 框架，参与 iShare 框架的成员间仅可分享网络安全防护的方案或概述，不涉及威胁情报的共享工作。Homan 等人实现了一种威胁情报共享区块链网络原型，作为一种试验台可供相关方案进行验证。这种区块链原型利用超级账本的方式允许可信参与方以私有的方式传播高度敏感的数据，并参与整个网络。虽然能够克服共享过程中固有的信任屏障和数据隐私问题，但是该模型局限于欧盟体制下，未能体现网络威胁情报共享的广泛性和通用性。

收益分配困难也是影响威胁情报共享的因素之一，如何公平地进行收益分配，从而激励各个组织共享更多的威胁情报是影响威胁情报共享发展的关键问题之一。当前在网络威胁情报共享利益分配中的主要问题分为三类：技术问题，耦合问题和市场问题。

技术问题虽然在一般的威胁信息描述方法中，只针对技术细节进行了刻画，但是对于潜在的价值方面却无能为力，因为"价值"是与市场相关的经济学概念，纯技术无法也不能自动解决定价问题。

耦合问题在利益分配与共享模式方面有着千丝万缕的联系，且与技术能否实现支持也密切相关，一个扩展性不好的威胁信息表达技术，也不利于后期建设利益分配便利的共享机制。

市场问题是在早期威胁情报共享的广泛运用中产生的，能导致社区内的相关用户大大提升自己的安全性，同时打击攻击者的积极性，经过一段时间的发展，社区的热度会因为整个行业的安全性提高而降低。以自身利益为导向，共享参与者就会仅发布自己掌握的少数威胁信息，以保持安全生态中的部分受攻击的现状，从而实现自身收益可持续化。这显然是一个市场心态问题，如果一旦成为事实，就会不利于安全行业整体的健康。数据隐私问题与相应举措共享过程中不可避免地存在着敏感信息的传递和组织，这严重阻碍着共享参与者的积极性，降低了情报共享活动的安全性和有效性，因此威胁情报中所包含的隐私信息是制约威胁信息交换的一大瓶颈。因为信息的敏感性和私有性，共享网络威胁情报对组织而言代价高昂，与此同时，做出是否共享信息的决定是一项具有挑战性的任务，并且需要在共享优势和隐私暴露之间进行权衡。所以，提出共享数据的隐私保护方案也是情报共享领域需要重点研究的内容。虽然针对其他领域的隐私保护技术相当成熟，但因威胁情报共享在用户群体和服务类型及共享内容结构上都存在差异，需要根据服务、数据类型和结构的不同进行优化和重建。目前，共享利益分配机制设计的首要问题是解决威胁信息数据价值评估难度大、威胁信息交易收益不易计量的问题。造成此问题的主要原因是没有通用的方法来评估威胁信息的有效性，且利益分配与共享模式之间有很大联系，如果共享模式认为威胁信息的共享应该是收费的，那么某用户或买家在获取威胁信息之前就应根据价格推测威胁信息的重要性，但是定价方由谁来扮演是个难以抉择的问题。总体而言，价值衡量问题可以分为技术和市场两方面：从技术方面来看，现在业界尚未对威胁信息的商品化定价、估值达成共识，也没有相应的算法可以估算某威胁情报的市场价值；从市场方面来看，站在买家角度，买方必然希望可以从市场价格推断出该威胁情报的实际使用价值。

四、安全技术交流

在安全技术交流方面，要推动联合研究和开发活动，工业信息安全防护关键技术研究主要满足主系统、监控系统、通信系统及协议、控制终端和嵌入式软件等方面的安全防护需求。它主要包括区域之间隔离与交换技术、漏洞挖掘与研究技术、通信规约与协议分析技术、终端防护技术及系统监测技术等。工业控制系统大量采用通用协议或专有协议，通信协议漏洞随之出现。另外，工业控制系统应用软件多样，易遭受利用漏洞的黑客攻击，且难以形成统一的防护准则。对工业控制系统异常行为进行监测，收集并比较设备的安全配置，发现关键安全配置修改，产生报警信号，以及时阻断工业控制系统异常行为。考虑到报警信号误报率及工业控制系统实时性等要求，可采取系统监测报警与人工阻断相结合的方式。

加强理论研究交流，为工业信息安全应急管理提供理论支撑。推动应急理论的深化研究。着眼于新发展阶段、新发展理念、新发展格局对应急管理各项工作提出的新需求，加强多领域、多学科知识的交叉融合研究，加强应急管理相关学科建设与共性基础学科问题研究，着力研究工业信息安全的产生、演变、时空分布等规律和致灾机理，推动应急管理信息化的系列重大理论、实践问题研究，为推动"一带一路"工业信息安全应急管理提供理论支撑。

加强工业信息安全领域关键技术研究与交流。针对工业信息安全事故应急管理工作中的隐患识别、风险调查、监测预警、态势研判、救援处置、综合保障等关键技术应用，加大先进适用装备的配备力度，加强监测预警、指挥调度、应急管理、网络通信、全球定位、模拟仿真、安全保障等关键技术研发，提高工业信息安全事故响应和处置能力。

加强技术应用交流，为应急信息化建设提供技术保障。建立和延伸到更加广域的应急信息化技术末端，为顶层业务提供更加广泛的信息来源和基础支撑。充分利用人工智能、物联网、5G等技术，构建空、天、地一体化全域覆盖、高精度、立体多维、智能协同的突发事件监测体系，推进监测预警系统全覆盖和智能化，加快高水平安全生产风险监测预警系统、自然灾害风险综合监测预警系统、城乡安全风险监测预警平台建设。加快区块链、北斗通信卫星、互联互通等技术与应急管理业务深度融合，提高偏远地区灾害信息获取、预报预测、卫星遥感、风险评估、损失评估、应急通信等保障能力，提高工业信息安全应急指挥系统智能化和高效化水平，建强"应急大脑"。

五、联合应急演练

加强应急管理国际合作与交流，努力构建灾害事故应对的国际交流合作长效机制。在全球化趋势下，重特大突发事件普遍具有跨国、跨区域、跨行业等特点，全球风险治理需求日益迫切。我国的应急救援既需要走出去，也需要请进来。应当进一步加强应急管理国际合作，在参与国际救援、联合演练和国际研讨中不断丰富合作内容，拓宽合作领域，深化长效可持续合作机制。

注重提炼总结实战演练经验，不断优化应急演练的设计和实施。全景式综合实战演练以灾情构建为基础，逐渐演变推进为灾情衍生、场景叠加，使演练内容更丰富。使演练手段和方法多样性，动静结合，虚实并存，桌面推演与实战演练、有脚本演练与无脚本演练有机结合，可以全方位、全过程检验各项应急预案，锻炼应急能力，磨合各项机制，这是非常有效的应急准备手段和训练途径。应当推动、鼓励各个国家和地区根据演练目标的需要，定期开展多层次、跨区域、全景式综合实战演练。应当借鉴欧盟成熟经验，推动建立符合"一带一路"倡议的各类应急演练指南、标准和规范的体系。应当以发现问题为导向，突出演练评估人员和观察人员的角色定位和功能发挥，将评估报告逐渐过渡为以查找缺陷、问题和漏洞为主，加大评估与反馈在演练实施中的权重，推动由实施环节评估走向覆盖全过程的评估，由定性评估走向定量评估，由成果式评估走向问题式评估。

不断创新方式方法，在应急演练中充分应用新科技和现代信息手段。大力加强应急演练管理软件、数据在线采集、传输与存储、演练数据库、评估软件、情景模拟技术等先进信息技术开发，逐步建立包括灾害源动态监测与管理系统、远程图像传输、远程监控与远程技术检测系统、信息联络系统、灾害信息搜救系统、事故后果分析与模拟预测系统、危险化学品处置辅助性决策分析软件、信息披露和媒介应对系统等在内的应急响应处置系统。

重视现场指挥部演练，从加强组织指挥体制、协调配合机制等方面修订完善相关应急预案。在应急演练中，现场指挥部作为应急救援的神经中枢，其事态研判和决策过程往往被简化甚至虚化，前方指挥部与后方指挥部的指令传达和信息沟通不够紧密，应急演练呈现出"重行动、轻决策"的现象。应从加强顶层设计，完善现场指挥管理框架，制定现场指挥部操作指南等规范性文件，设置标准化、模块化编组，优化现场指挥管理流程，建立法制化、规范化的现场指挥管理程序等方面来提升指挥部的决策效率，进而全面提高应对各类突发事件的能力和水平。

加大演练专门人才培养力度，借鉴国际经验，集中力量重点建设具有世界先进水平的工业信息安全应急演练中心，通过相关政策扶持，推动应急演练中心成为应急演练的科研、训练、保障和国际交流的重要基地，并通过成果示范提升应急演练整体水平。加大演练专门人才的培养，通过标准化、模块化、系统化的训练项目培训专门的演练师，使其在各级政府部门开展工业信息安全应急演练时发挥重要作用，从而使工业信息安全应急演练更加具有专业性、实用性和有效性。

第八章
工业信息安全命运共同体

当前，影响全球的工业信息安全事件此起彼伏，在全球产业链、供应链深度交叉融合背景下，任何一个国家无法靠"单打独斗"遏制工业信息安全威胁。为有效控制其风险，需要世界各国秉持"构建人类命运共同体"理念，加强信息沟通、经验互享、携手合作，尽最大努力巩固全球化成果，稳定全球供应链、产业链、创新链，才能共同应对全球化工业信息安全风险。

第一节

工业信息安全命运共同体概述

中国的快速崛起，导致了国际格局的变化，发展中国家和新兴市场经济国家的力量上升。中国与世界的关系踏上新的历史起点，中国越来越需要世界，世界也越来越需要中国。日益强大的中国积极发挥负责任大国作用，追求的是共同发展。在新"十字路口"，面对"世界怎么了，我们怎么办"的世纪之问，习近平总书记站在人类前途命运的高度，用共同利益、共同挑战、共同责任把各国前途命运联系起来，提出"构建人类命运共同体"的重大倡议，积极回应国际社会的共同诉求，为世界发展和人类未来的前进方向贡献了中国智慧和中国方案。习近平新时代中国特色社会主义思想是由习近平总书记提出的一系列具有开创性意义的新思想、新理念、新论断、新战略，充分体现在党的十九大报告和他的历次讲话中。习近平总书记为新时代中国特色社会主义思想的创立发挥了决定性的作用、作出了决定性的贡献。这一思想已成为凝聚党内共识、激发中华民族团结奋进力量、夺取中国特色社会主义新胜利、共筑中华民族伟大复兴中国梦的强大思想武器和行动指南。习近平总书记在党的十九大报告中明确提出"坚持和平发展道路，推动构建人类命运共同体"的重要思想。这是习近平新时代中国特色社会主义思想的重要组成部分，也是中国共产党为人类做出新的更大贡献的历史使命，为人类文明进步指明了前进方向。

"一带一路"倡议正是中国推动构建人类命运共同体的伟大探索和重要举措。"一带一路"倡议秉持"共商、共建、共享"的基本原则，以政策沟通、设施联通、贸易畅通、资金融通、民心相通为核心，通过扩大中国与沿线各国相互开放合作的广度和深度，深化利益交融，进而为构建人类命运共同体夯实基础、开辟路径。中国作为倡导者、引领者、推动者，使"一带一路"倡议在短短几年间迅速从理念、愿景转化为实际行动，建设成果丰硕。

工业信息安全领域在受到公开、融合和互联技术所带来的安全威胁时，其防护技术水平、产业生产率与竞争力也在不断提高和增强。因此，信息化产物的高速发展与工业信息安全是一个相辅相成、相互壮大的过程。随着云计算、工业云和大数据技术的逐步成熟，信息化与工业化进行了深度融合，使工业系统能更高效地进行资源优化配置，实现经营管理的科学化，从而推动产业不断升级，促进产品"智能化""网络化""机电一体化"，降低了不安全的因素与行为，拓展了工业生产系统、智慧交通和智能电网等工业系统发展的空间，极大提高了工业领域的综合效益。同时，工业信息安全的发展与提高又促进了物联网等信息化产物的飞速前进，给信息化产物提供了落脚点与应用基础，促进了"产学研用"融合技术创新体系的建设。随着信息化与工业化的不断交叉融合，近年来我国的电力、石油、交通、轨道和航天等各个行业都在争相开展信息安全类的工作，其中，电力领域的信息安全工作已属于国内外的佼佼者。智能电网的发展，使得电力领域的安全已经涉及电网调度运行、电力企业生产、经营的各个方面，并日益综合化和复杂化。同时，电力产品与外界接口不断增加，特别是与银行等合作单位业务的接口、网上电力服务、数据集中应用及内部各系统间的互联互通，导致来自外界的攻击越来越多，信息安全隐患风险与损失越来越严重。

　　工业信息安全领域是真实世界的重要组成部分，同时也是现代人类文明发展的基石，工业信息安全问题将直接影响人类社会的发展，是一个挑战，也是一个机遇。要充分了解各种不安全因素，加强自身实力与能力的培养，真正把我国的工业信息安全建设起来，并积极推进工业信息安全产业"走出去"，乘着"一带一路"的帆船，加强与沿线国家和地区的合作，共筑工业信息安全命运共同体。

第二节

构建工业信息安全应急管理命运共同体路径

一、政府引导推进

　　在推动建立工业信息安全应急管理命运共同体的进程中，我国政府应鼓励工业信息安全等行业加大对外直接投资，加强与"一带一路"沿线国家的工业企业战略合作，编制面向全球、高起点的发展规划，实现与全球产业链的深入融合。充分发挥政府相关部门的政策引导功能，简化审批流程，实行差别化政策，搭建企业与私募基金等金融机构的合作平台，为其海外投资和并购提供更加专业的金融服务。

　　我国政府应加大财政资金支持力度，积极借鉴国外发放"软贷款"的经验，突出其期限长、利率低、可作为项目资本金等优势，通过政府或国有公司的融资平台进行贷款，允许用于国际产能合作重点推荐的重点工业信息安全建设项目的资金或股本投入，为资金短缺但又亟须投资的地方政府和企业提供优质贷款。建立境外发债备案制，破除商业融资障碍，推动中资金融机构海外网点建设，支持工业信息安全企业以境外资产、股权等权益为抵押开展贷款，鼓励开展公私合营项目贷款业务。探索境外投资风险准备金制度，加大中央国有资本经营预算对中央企业境外投资的支持力度，鼓励有条件的地方政府对企业境外投资给予财政资金支持。

我国政府应完善国际税务环境，加快与有关国家商签避免双重征税协定，扩大和完善避免双重征税协定网络，实现重点国家全覆盖，同时又要兼顾用国内政策来弥补未签署协议国家的空缺。针对工业信息安全合作领域，大型国有企业上交财政的利润可返还一定份额，提高企业积极性。落实企业境外所得税收抵免政策，优化出口退税结构，确保及时足额退税，严厉打击骗取退税，创造有利于推进工业信息安全产业发展的税务环境。进一步加强国际税务合作与管理，增强我国工业信息安全企业境外税收权益保障，有效应对税收征纳双方活动范围不对称问题，在国家税基国际化情况下管控国际税源，提高对跨国纳税人的税收征管水平，防止国际偷税漏税情况的发生。

我国政府应建立综合信息服务平台，完善信息共享制度，指导重点行业的商会、协会等机构建立公共服务信息平台，全面整合政府、商会、协会、企业、金融机构中介服务机构等信息资源，及时发布有关工业信息安全合作的相关政策，以及全面准确的国外投资环境、产业发展和政策、市场需求、项目合作等信息，为企业开展工业信息安全产业合作提供全方位的综合信息支持和服务。引导行业协会商会做好转型调整，提高运作能力与效率，更好地发挥信息共享、交流合作的平台桥梁作用。建立征询意见专栏，及时听取企业、商会、协会、金融机构等的反馈意见，及时做出信息及政策调整。建立风险防控信息服务，及时发布国别安全风险指南和预警信息，对重点国别风险加强评估。

我国政府应稳妥有序推进海外金融服务网络布局，继续支持中资银行业金融机构加快境外分支机构和服务网点布局。加强境外业务和境外分支机构的运营管理。进一步扩大和深化与相关国家的跨境银行业监管合作，加强日常跨境监管沟通协调，协助解决银行业金融机构在相关国家开展业务中遇到的政策障碍。

我国政府应有效管控工业信息安全相关领域金融风险，进一步完善多边双边监管合作机制，扩大信息共享范围，完善跨境风险应对和危机处置制度安排。督导银行业金融机构深入了解国际合作项目所在国家的政治局势和经济状况，及时掌握合作伙伴经营状况，加强海外业务风险管理体系建设。严格遵守所在国法律和环境保护要求，妥善处置重大风险事项。

我国政府应推动中资银行提升海外网点服务能力，加强与相关国家的监管协调，适时推动与尚未正式建立监管合作机制的国家签署双边监管合作谅解备忘录，降低和消除准入壁垒，简化行政审批事项。支持中资银行优先在"一带一路"合作国家和地区设点。做好已布局国家和地区的业务深耕和周边辐射，通过远程服务和海外工作组等形式实现全球业务覆盖。

二、制定统一标准

目前，我国标准国际化工作取得了长足的进步，主导制定的国际标准数量明显增多，与主要贸易国家标准化合作不断深化，区域标准化务实合作取得积极进展。同时，我们也要看到，与国际工业信息安全应急管理的需求相比，我国标准国际化工作还有很大提升空间。我们应加快标准国际化进程，推动我国工业信息安全应急管理标准"走出去"是推进工业信息安全国际合作的重要基础性工作。

目前，我国推动标准国际化能力显著提升，在钢铁、有色、建材、铁路、电力、化工、轻纺、汽车、通信、工程机械、航空航天、船舶和海洋工程等重点行业，翻译出版了一系列我国标准的外文版。新一代信息技术、高档数控机床和机器人等重点装备领域国际标准转化率显著提高。企业参与国际标准化工作能力不断增强，企业国际标准化人才数量显著增长，激励政策措施基本健全。

我们应着力提升我国标准的国际竞争优势，发挥集中办大事的制度优势，协调企业、高校、科研院所等主体，"产学研用"紧密结合，加大协调创新力度，共同培养中国标准的国际竞争力。推进工业信息安全领域标准国际化。在国家标准层面，推动《信息安全技术网络安全等级保护基本要求》《信息安全技术网络安全等级保护测评要求》《信息安全技术网络安全等级保护安全设计技术要求》等国家标准国际化。在行业标准层面，组织开展包括工业互联网平台安全防护监测、工业互联网平台安全风险评估和工业互联网安全服务机构在内的课题研讨。在团队和联盟标准层面，梳理《工业控制系统信息安全防护建设实施规范》等团体标准的研制。

我们应加强与太平洋地区、亚太经合组织、海湾地区标准化机构的务实合作，巩固中德、中英、中法和东北亚标准合作论坛等标准化合作机制，深化与美国、俄罗斯、欧盟、拉美地区、非洲地区等在经贸、科技合作框架内的标准化合作，推动建立"金砖国家"标准化合作新机制，推动与东盟、中亚、海湾、蒙俄等区域和国家的标准互认。

三、构筑发展机制

从"一带一路"倡议的宏观战略到合作区的微观运营，需要做好产业协同发展机制的规划设计。上下游配套生产线建设应在政府引导下进行战略性的布局规划，避免在同一国家或区域建设多个类型相似、产业相近园区而引起的在招商、运营、管理等方面的恶性竞争，充分体现我国产业衔接、产能互补的推进理念。坚持互利共赢原则，结合国内产业结构调整，合作区在布局上应以产业衔接、产能互补、合作共赢为原则，以建设命运共同体和利益共同体为纽带，使合作区与驻在国之间、各合作区之间既能相互促进又能保持稳定发展的驱动力，实现合理科学的产业布局。统筹考虑"一带一路"沿线国家发展诉求、合作意愿、资源禀赋、投资环境、产业基础等条件，按照因地制宜、分类施策，充分发挥所在国比较优势的基本思路，进一步明确境外经贸合作区建设的重点国家和主导产业引导产业链的合理布局、有序发展。

建立工业互联网信息安全产业开放式平台，广泛整合、吸收国内外优质资源，逐步实现"资源无国界"的生产资源全球配置。运用互联网技术整合资源，引导企业在全球范围内拓展产业链。引导企业积极入网，在资源利用、生产协同、销售运营等方面开展云网服务，推动工业信息安全企业在国内和海外业务发展协同推进形成制造企业在全球范围内的联动机制，实现资源共享、生产协同、发展共赢。

当前，全球经济仍处于深度调整期，国际经济格局加速调整。发展中国家和新兴经济体亟须继续推进工业化和城镇化，发达国家也在推进再工业化，改造原有的基础设施。推进国际工业信息安全产业发展，可以衔接世界不同发展阶段国家的市场和需求，上下游协同能够推动全球产业链高中低端有机融合，凝聚全球经济增长新动力，促进世界经济复苏和繁荣。

四、成立合作组织

目前，工业信息安全在国际合作定位上仍以国家为主，涉及的国际组织较少。世界银行认为"'一带一路'倡议是一项欢迎所有国家参与的开放性机制",并不存在一份参与国的官方名单,更没有明确哪些国际组织应该在"一带一路"的重点合作范围之内。"一带一路"倡议的开放性机制到底可以容纳哪些具体的国际组织参与,目前还缺乏明确的理论支撑,这给合作双方都造成了一定的障碍。对"一带一路"概念的法律界定,有学者认为"一带一路"的内容已经超出区域经济一体化的要求,中国与共建"一带一路"国家的密切程度超过了伙伴关系,应将"一带一路"定义为区域命运共同体,而超越经济合作范畴后却容易引发外界的误解。

中国在部分国际组织尤其是区域性国际组织中的影响力不足。一方面,中国参与国际组织事务的起步较晚,对国际组织的态度也经历了由消极向积极的转变过程。20世纪70—90年代,中国参与政府间国际组织,特别是联合国下属国际组织的数量实际上是呈下降趋势的,直至21世纪初,这种状况才得以改善。虽然21世纪以来中国在国际组织中越来越活跃,但总体来看,国际组织中中国公职人员比例还相对较低,和美国等西方发达国家相比,中国在国际组织中的领导力和影响力存在一定差距。例如,在联合国系统内国际组织中,中国籍雇员仅占1.12%,担任高级职位的雇员比例更低。相对于联合国系统的全球性国际组织,由于中国并非部分区域性国际组织的成员国,对其影响力更是无从谈起,这也造成了目前区域性国际组织参与共建"一带一路"积极性不高的情况。另一方面,国际组织对"一带一路"倡议理念缺乏了解,部分国际组织成员国更是固守零和思维,认为同中国共建"一带一路"存在零和博弈风险,有碍国际组织参与共建"一带一路"的积极性。

"一带一路"建设的外部政治压力与内部问题并存。近年来,"一带一路"威胁论甚嚣尘上,国际社会的质疑增加了国际组织参与共建"一带一路"的顾虑,这一方面来自美国主导的外部政治压力,另一方面也来源于"一带一路"建设中的内部问题。从外部看,美国主导的外部政治压力是"一带一路"国际合作中必须面对而又难以化解的矛盾。2019年11月,美国、日本、澳大利亚共同启动"蓝点网络"计划,对世界范围内,特别是印太地区国家的重要基础设施项目进行评估,认证所谓的具有高透明度、可持续的基础设施项目,使其更容易得到金融机构的融资支持。

我们应充分利用现有机制开创新的合作平台,国际组织参与共建"一带一路"已形成有效的沟通机制，要充分利用好这些合作机制。在国际组织研究中许多学者都将新自由制度主义视为理论基础，认为国际合作是充分利用各方优势实现互利共赢的有效途径，因为完善的制度是解决理性个体产生集体行动困境的手段，所以合作平台的制度化有利于国际组织更加深入地参与"一带一路"项目。2017 年和 2019 年召开的"一带一路"国际合作高峰论坛，大量与国际组织的合作文件都是借助这个平台签署的。世界经济论坛也是"一带一路"同国际组织交流合作的有效平台，世界经济论坛本身的议题宗旨与"一带一路"的经济属性高度契合。中非合作论坛已经举办多年，中国与非洲国家及非盟共建"一带一路"的大部分合作协议都是在论坛平台签署的。同时，要借助现有合作平台开发出更多新的对话机制，拓展同国际组织的合作空间。"一带一路"达沃斯论坛就是通过世界经济论坛创新平台开发的范例，截至 2020 年 1 月已成功举办四届。2017 年 1 月，世界经济论坛年会期间，国家发展改革委国际合作中心与清华大学联合创办了"一带一路"达沃斯论坛。2017 年 5 月，"一带一路"国际合作高峰论坛期间，中国政府同世界经济论坛也签署了关于"一带一路"的合作备忘录。2018 年世界经济论坛冬季达沃斯论坛和在天津举办的夏季达沃斯论坛均设立了"一带一路"分论坛。再如，由中国和希腊共同发起的文明古国论坛，联合了世界上 10 个文明古国为"一带一路"建设提供思想和文化方面的支持。在为国际组织参与共建"一带一路"搭建更多平台的同时，也要注重对这些平台和机制的维护，保证沟通渠道的畅通，维系同国际组织的关系。例如，我们可以吸引更多国际组织在中国城市落户，加强同国际组织的联系。在亚洲拥有国际组织总部数量最多的日本，已有超过 39 个政府间国际组织落户，非政府组织落户的数量更是多达 400 余家；在比利时，据统计平均每一两天就有一场国际会议在布鲁塞尔召开，各类机构常驻工作人员数量比纽约联合国总部还要多。国际组织的落户为国际组织同国家的合作提供了便利，日本和比利时都通过健全的制度保障、财政保障、基础设施保障为国际组织落户铺平道路。中国可以效仿这些国家的做法，吸引更多的国际组织到中国开展业务，特别是全球性国际组织及与中国密切相关的区域性国际组织，让国际组织实地感受中国社会发展状况，更准确地理解"一带一路"的价值和意义，其效果要好于单方面的对外宣传。

我们应寻找国际组织宗旨与"一带一路"理念的契合点，国际组织在建立之初就以条约形式确立了本组织的宗旨和目标，有自己明确的章程和理念。要解决"一带一路"推行过程中的障碍，必须要在"一带一路"理念和国际组织目标中找到契合点，这是"一带一路"与国际组织对接的前提条件。同时，要有针对性地加强与重点国际组织的合作，在具体实践中探索经验。在全球性国际组织中充分发掘"一带一路"工业信息安全合作空间。东盟 2025 年愿景、东盟互联互通总体规划等都把基础设施建设与改善人民生活水平放在重要位置，东盟在基础设施、数字创新、物流、人员往来等方面的设计规划与"一带一路"建设的"五通"高度契合。"一带一路"倡议可以帮助东盟解决建设过程中遇到的融资约束、不同国家发展水平差异等问题，加快实现东盟互联互通的总体规划。因此，对于非盟、东盟这样与"一带一路"理念密切相关的区域性国际组织，应当成为共建"一带一路"工业信息安全的重点合作对象。我们应全面有效地提升中国的国际议程设置能力。国际议程设置指议题得到国际社会关注和重视，最终成为国际制度的过程。将"一带一路"倡议发展成为中国对国际问题的解决方案，最终转化为能够被国际社会普遍接受的国际议题，并制定出相应的合作规则，不仅有利于国际组织参与共建"一带一路"，还有利于吸引更多国家更深入地参与到"一带一路"的共建过程中。

一方面，要提升"一带一路"国际议程设置能力，促进国际组织对"一带一路"的认知。"一带一路"同国际组织进行对接的过程中，要强调具有紧迫性的工业信息安全议题，以此作为突破口同国际组织寻求合作空间，切入点可以是国际发展合作。近年来，中国对外援助已向国际发展合作转型，"一带一路"倡议在某些方面与国际发展合作理念有一定的重叠，国际发展合作与国际组织互联互通是共建"一带一路"的新出发点。

另一方面，要将国际议程制度化，通过规则和制度来规范并强化国际组织同中国共建"一带一路"的合作。目前，对于"一带一路"究竟是不是一种国际制度，有没有必要制度化仍存在争议。"一带一路"制度化是未来的发展趋势，也是化解"一带一路"内部和外部压力、推动国际组织积极参与合作的有效途径。事实上，国际组织在参与共建"一带一路"的同时，新的"一带一路"相关国际组织已应运而生。例如，2015 年 12 月成立的亚洲基础设施投资银行，其目标与"一带一路"倡议宗旨相互呼应；2018 年 4 月，中国与国际货币基金组织（IMF）成立了联合能力建设中心，为"一带一路"沿线国家提供业务培训，提高能力建设以促进交流合作。需要注意的是，"一带一路"国际议程制度化不意味着对已有国际规则的破坏和对现存国际制度的挑战，中国一直都是联合国宪章和联合国框架下国际准则的积极维护者，过去、现在和将来都不会单方面破坏国际规则体系。

我们要利用好国际组织的统筹协调功能，促进"一带一路"沿线国家的配套设施优化和政策改善，将"一带一路"建设收益最大化。同时，也要推进与未签署合作协议的国际组织的谈判沟通，将更多"一带一路"沿线地区国际组织、与"一带一路"倡议存在理论契合点的国际组织纳入"一带一路"国际合作，推动国际组织参与共建"一带一路"工业信息安全进程。由全面铺开向精雕细琢转变，既是"一带一路"倡议在当前阶段的任务，也是"一带一路"同国际组织合作的未来指向。2021年全球经历了史无前例的疫情冲击，这是对"一带一路"建设的大考验，新形势使得国际组织参与共建"一带一路"的重要性更加凸显。针对当前国际组织参与共建"一带一路"的现状、特征和困境，要积极宣传"一带一路"核心价值观以打消国际组织疑虑，完善和创新机制为国际组织参与共建"一带一路"搭建沟通平台，充分对接国际组织议程、目标与"一带一路"倡议理念，全面有效地提升中国国际议程设置能力，逐步落实国际组织参与"一带一路"建设的合作项目，为国际组织参与共建"一带一路"提供更大的合作空间，突破其参与共建"一带一路"的困境。

五、联合培养人才

发展中国家通过承接传统产业可以加快本国工业化进程，但由于其技术经济模式的锁定效应，承接的往往是资源消耗型、低端要素消耗型、非核心技术型等低端传统产业，制约了本国产业结构向高端化升级。虽然通过购买生产线和战略并购等途径也能获取来自发达国家企业的高水平技术，但是资本逐利的本质决定了买不到最核心、最前沿的技术，只能靠自主创新，而自主创新的核心要素就是人才队伍的建设。在推进工业信息安全应急管理命运共同体合作的进程中，应以工业信息安全应急管理合作需求为导向，联合培养信息安全人才。加大工业信息安全人才培训力度，加快重点行业专业技术人才队伍建设，加大海外高层次人才引进力度，建立人才国际化交流平台，完善人才激励政策，为工业信息安全命运共同体提供人才支撑。

　　加快培养国际化工业信息安全复合型人才。建立与"一带一路"国家合作人才培养规模和要求相适应的财政投入政策，中央财政设立专项经费支持在国家层面进行国际工业信息安全人才培养，示范带动"一带一路"其他国家（地区）加强人才培养。依托国家"万人计划"和"创新人才推进计划"，加大对工业信息安全紧缺人才的倾斜力度，推动人才工程项目与工业信息安全的科研中心和基地计划相衔接。构建多层次的人才培养体系，充分发挥综合型大学龙头企业、专业协会作用，举办各类国际化人才培训机构。通过政府购买服务税收优惠等政策鼓励骨干企业参与紧缺人才培养的全过程，支持企业在制定针对性人才培养方案、提供实习机会、派遣技术人员教授实训课程等环节发挥重要作用。

　　大力引进海外高层次工业信息安全人才。建立国际化的人才研究中心和国家海外人才猎头机构，建立包括国际化高端工业信息安全人才、国际一流专家、海外华裔专家为主的信息库、项目库。以深入实施"外专千人计划"和高端外国专家项目为引领，以"海外高层次留学人才回国资助项目"和"创新团队国际合作伙伴计划"等为载体，加快从海外引进一批工业信息安全应急管理创新创业企业家、高级风险评估及态势感知专家、威胁分析专家，以及资本运作、项目管理、国际投资、国际商务、国际法律等方面的高层次人才。对外国人才推出"第二故乡"计划，在出入境管理、融入机制、住房、税收、家人安置及工作平台环境等方面提供完善便利的政策和服务，放宽技术技能型人才取得永久居留权的条件，探索建立人才移民等较为灵活的国籍管理制度。充分发挥海外华侨华人作用，在推进对外投资企业本土化进程中，提升海外华侨的雇佣比例，支持企业开发当地人力资源，鼓励开展各类教育和培训，促进承接国人才的成长和发展。

　　着力推动人才"走出去"。加强与"一带一路"联盟有关机构、世界银行、国际货币基金组织、亚投行等国际组织和金融机构的人才交流，有计划地支持国内青年人才到境外合资企业、海外分支机构、国际组织、非政府组织等工作，提高跨文化沟通能力和多元化团队领导力。在国家留学基金中，设立"工业信息安全应急管理"专项基金，鼓励向工业信息安全应急管理重点国家派遣留学生，建立"留学人才国别信息库"。支持国内高校与国外高校、科研和培训机构建立合作关系，推进"一带一路"教育行动计划，鼓励国内高校与沿线重要国家城市合作共建"丝路商学院",通过人才交流促进沿线国家之间的互相理解和共同合作。

建立与国际接轨的评价激励机制。充分发挥用人单位的主体作用,健全与国际接轨的人才流动、配置、使用、评价和激励保障机制,推进人才工作体制机制创新。对外投资企业要建立符合国际规范的工作环境和企业文化。根据不同员工的派遣模式实施薪酬政策,人力资源政策应充分考虑当地的劳动法规和市场的竞争状况。在薪酬改革过程中,国家对市场化选聘的经营管理者和职业经理人,综合考评政治责任、经济责任、社会履行情况,重点考核经营业绩指标完成情况,实行与其职业风险、职业贡献相匹配的结构化薪酬。重点提高特殊岗位专业技术人员待遇,实行以增加知识价值和贡献比例为导向的分配政策,加强对创新人才的股权、期权、分红激励。

第三节

"一带一路"工业信息安全应急管理图谱

"一带一路"沿线国家工业信息安全面临诸多安全威胁,不能依靠单一的网络安全防御技术确保工业系统的安全性,而应该根据外界环境自我调节、协调安全能力,保证网络系统正常运行,通过跨域协同共享、建立全域监测、态势感知、快速响应、精准处置的大协作机制,构建新型的工业信息安全生态体系应对安全威胁,将安全威胁消灭在初期状态。

工业信息安全应急管理生态系统是根据应急产业和工业交叉,发挥态势感知和应急大数据等技术优势,使工业信息安全应急管理数据整合分析和优化利用形成工业信息安全应急管理的产品链、服务链、企业链、平台链等开放的应急监测、态势感知、服务数据生态体系,产生更大的经济价值和社会效益。工业信息安全应急产业是实体经济,是系统的基础。工业信息安全应急管理经济是实体经济和数据经济的融合和重构,是一种思维经济。工业信息安全应急管理经济生态系统是运用新的思维模式,将态势感知和数据关联等技术整合到应急产业，建立工业信息安全应急生态系统，构建国家安全体系。构建工业信息安全应急产业经济生态系统势在必行。

首先，突发事件现阶段呈现出复杂性、频发性、连锁性、严重性和放大性的特征，对应急设备、应急平台、应急决策提出了新的需求。技术创新、数据整合、政策创新和管理创新必须同步发展，这就要求应急产业是一个产业链和生态系统。

其次，科学应对突发事件应当由事后的事故调查向事前的隐患排查、风险防范、监测预警、防灾防损转变；由单纯的减灾减损向防灾常态化与可持续发展相结合转变；由政府全能向政府主导社会协同、公众参与及全民应急能力和应急意识提高转变；由以往单一国家地区、部门实施的应急应对工作向加强区域合作、协调联动、国际合作的应急生态系统转变。这些转变需要跨部门合作、跨产业整合、跨区域联动未雨绸缪，协同规划。信息安全的生存理论告诉我们，面对安全威胁，没有人可以独善其身，也没有人可以单独为之，信息安全需要构建生态系统来共同防范安全风险。

构建工业信息安全应急产业生态系统是一个复杂的工程，需要将各种安全技术、产品和能力连接到一起形成一个系统，包括态势感知生态、漏洞监测生态和应急大数据生态，如图 8-1 所示。工业信息安全驱动应急产业发展，推

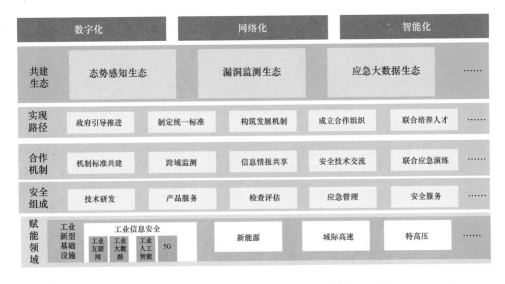

图 8-1 "一带一路"工业信息安全应急管理图谱

动应急产业向数字化、网络化、智能化转变，并为提高应急管理的效率、减少应急管理成本、降低事故损失提供了一种行之有效的方式。

工业信息安全应急产业生态系统需要政府引导推进、企业积极参与、个人理解配合，共同从顶层设计、物资生产信息采集、平台建设、监测预防、危机管理等环节，共同构建智能型和数据型的新型应急产业生态系统。

参考
文献

[1] 魏亮，戴方芳，赵爽 . "新基建"定义网络安全技术创新新范式 [J]. 中国信息安全，2020，5.

[2] 程媛，余文科，宫玲琳 . "人工智能＋工业信息安全"初探 [J]. 邮电设计技术，2019（4）：90-92.

[3] 赵歌今，步连增，吴大明，等 . 深度解读：国外应急管理体制特点及启示 [DB/OL].

[4] 周青，吴童祯，杨伟，等 . 面向"一带一路"的企业技术标准联盟模式研究 [J]. 管理评论，2021（2）：110-118.

[5] 马廷魁 . "一带一路"愿景下西部民族地区跨域安全信息走廊的构建 [J]. 西部学刊，2018（4）：75-76.

[6] 林玥，刘鹏，王鹤，等 . 网络安全威胁情报共享与交换研究综述 [J]. 计算机研究与发展，2020，57（10）：2058-2062.

[7] 蔡昉，（英）彼得诺兰（Peter Nolan）. "一带一路"手册 [M]. 北京：中国社会科学出版社，2018.

[8] 徐绍史，何立峰，宁吉喆，等 . "一带一路"与国际产能合作行业布局研究 [M]. 北京：机械工业出版社，2017.

[9] YANG Xiao Niu，WANG Wei，XU Xiao Feng，et al. Research on the Construction of a Novel Cyberspace Security Ecosystem[J]. Engineering，2018，4（1）：47-52.

[10] 沈正赋 . 网络空间命运共同体的版图构建、机制维护与治理方略 [J]. 江淮论坛，2020（4）：130-134.

[11] 陈雪鸿，柳彩云，杨帅锋 . 工业信息安全标准体系研究与思考 [J]. 保密科学技术，2019（7）：25-28.

[12] 彭凌，许文浩，苏耀墀，等 . "新基建"与智慧应急 [J]. 中国应急管理科学，2020（9）：40-46.

[13] 张兴凯 . "新基建"提高应急管理技术效能 [J]. 中国应急管理，2020（6）：62-65.

[14] 魏薇，张昊星，钱康新 . 新基建背景下的数据中心建设 [J]. 中国信息安全，2020（9）：58-60.

后记

　　"一带一路"倡议提出以来，取得了实实在在的成果。在"一带一路"倡议的火热实践中，一条条公路铁路向远方延伸，一片片工厂园区拔地而起，"一带一路"百花园呈现出勃勃生机。

　　"一带一路"的构建为工业互联网产业的发展带来了前所未有的发展机遇，同时也提出了新的挑战。这种挑战是巨大的，不是摆在一个人面前的，也不是摆在一个国家面前的，个人利益和主权国家的利益在巨大的灾难面前显得微不足道。

　　工业信息安全威胁没有国界，是全人类面临的共同挑战。全球工业已经命运与共、一荣俱荣、一损俱损，结成了命运共同体。始终秉持人类命运共同体理念，习近平总书记提出一系列重要倡议，推动一系列务实合作，就各国合作应对工业信息安全威胁指明方向、校准航向。

　　展望新的奋斗图景，敢打敢拼、能征善战的广大工业信息安全人，将不惧风雨，不畏险阻，只争朝夕，不负韶华，全力推动工业信息安全应急管理体系和全面建设现代化的生动实践，为"一带一路"倡议的实现开启新篇章。

内 容 简 介

本书以工业信息安全应急管理为阐述对象，从网络空间安全、工业信息安全、工业互联网安全等方面娓娓道来，重点介绍工业信息安全应急管理、工业新型基础设施安全应急管理，并阐述了全球重点工业化国家的工业信息安全应急管理模式，绘制了"一带一路"工业信息安全应急管理图谱，为国内优势企业挖掘"一带一路"沿线国家和地区的合作机遇提供参考，为促进国内特色工业信息安全产业"走出去"提供指导，以实际行动为构建工业信息安全人类命运共同体注入中国智慧，贡献中国力量，同世界各国共赢发展。

本书可为计划在"一带一路"沿线国家和地区从事工业信息安全相关工作的技术人员和管理人员，以及期望了解相关知识的人员提供参考。

图书在版编目（CIP）数据

"一带一路"工业文明 . 工业信息安全应急管理 / 汪礼俊著 . —北京：电子工业出版社，2022.5
ISBN 978-7-121-43301-6

Ⅰ . ①一… Ⅱ . ①汪… Ⅲ . ①工业经济 – 信息安全 – 区域经济合作 – 国际合作 – 研究 – 中国 Ⅳ . ① F125.5

中国版本图书馆 CIP 数据核字（2022）第 064943 号

责任编辑：李 敏 文字编辑：张 京
印 刷：天津画中画印刷有限公司
装 订：天津画中画印刷有限公司
出版发行：电子工业出版社
　　　　　北京市海淀区万寿路 173 信箱 邮编：100036
开 本：720×1000 1/16 印张：11 字数：212 千字 彩插：4
版 次：2022 年 5 月第 1 版
印 次：2022 年 5 月第 1 次印刷
定 价：149.00 元

凡所购买电子工业出版社图书有缺损问题，请向购买书店调换。若书店售缺，请与本社发行部联系，联系及邮购电话：（010）88254888，88258888。
质量投诉请发邮件至 zlts@phei.com.cn，盗版侵权举报请发邮件至 dbqq@phei.com.cn。
本书咨询联系方式：limin@phei.com.cn 或（010）88254753。